智 读 汇

连接更多书与书，书与人，人与人。

7招打造超级销售力

季婉 著

中华工商联合出版社

图书在版编目（CIP）数据

7招打造超级销售力 / 季婉著 . — 北京：中华工商
联合出版社，2021.7
ISBN 978-7-5158-3049-0

Ⅰ.①7… Ⅱ.①季… Ⅲ.①销售学 Ⅳ.①F713.3

中国版本图书馆CIP数据核字（2021）第126727号

7招打造超级销售力

作　　者：	季　婉
出 品 人：	李　梁
责任编辑：	付德华　关山美
装帧设计：	王桂花
责任审读：	于建廷
责任印制：	迈致红
出版发行：	中华工商联合出版社有限责任公司
印　　刷：	涿州市旭峰德源印刷有限公司
版　　次：	2021年9月第1版
印　　次：	2021年9月第1次印刷
开　　本：	710mm×1000mm　1/16
字　　数：	228千字
印　　张：	15.75
书　　号：	ISBN 978-7-5158-3049-0
定　　价：	59.90元

服务热线：010-58301130-0（前台）
销售热线：010-58301132（发行部）
　　　　　010-58302977（网络部）
　　　　　010-58302837（馆配部）
　　　　　010-58302813（团购部）
地址邮编：北京市西城区西环广场A座
　　　　　19-20层，100044
http://www.chgslcbs.cn
投稿热线：010-58302907（总编室）
投稿邮箱：1621239583@qq.com

推荐序

在销售行业从业多年，我感觉销售常常面对的是复杂性、易变性、模糊性、不确定性的情况，要面对如此多变的境遇，需要不断地学习、总结与成长。我一直很看重销售团队的建设，季婉老师销售专业的素养以及对团队体验式的训练让我印象深刻。

那时在上海，我在希尔顿欢朋酒店的团队正面临着新的挑战与任务。为了加强团队建设，我们邀请季婉老师对希尔顿欢朋发展部团队进行培训。那次培训，她为我们团队量身定制销售实战对抗案例，精心打造了销售培训与活动体验课程，团队成员在活动中亲身实践，分享个人体验与感受，成员之间更多更深入的交流提升了彼此的认知程度与默契度，增强了团队协作能力与凝聚力，也大大提升了面对复杂型销售项目的策略制定能力。在季婉老师销售专业课程的培训引导下，按照"演练、学习、实践"螺旋上升的培训方式，团队成员对培训中的所行所学进行反思、总结，销售理论知识储备和销售实践能力都得到了很大提升，我和团队成员在此次培训中受益匪浅。

我有幸在第一时间阅读了季婉老师的《7招打造超级销售力》，发现这并不是单纯讲技巧或某项销售能力提升的书，而是按照黄金圈理论模型（WHY-HOW-WHAT），把影响销售成功的所有关键点串成一根主线，从销售内在动力提升到目标管理，再到销售策略制定，关注人、流程、技巧、谈判策略制定等方面，有理论、有方法、有工具、有表单，将打造超级销售力的路径、流程、方法和技巧——呈现给读者，让人读完有畅快淋漓、一气呵成之感，无论初级销售还是资深销售又或销售管理者，都可以从本书中获得收益。

做销售的本质就是创造价值，提供服务。所以如果你要想把销售做好，首先，要让自己变得有价值，能够提供专业优质的服务。如何使自己变得有价值，首先要具备良好的品质，例如诚实、信用。未来的销售机会能否成功，基于客户对于你人品的认可，所以，无论在什么时候都必须让客户觉得你是一个值得信赖的人。其次，要有一定的销售技能，能在任何情况下提供客户需求的解决方案。最后，还要有不断学习的动力，正如我上文提到的"销售面对的是复杂性、易变性、模糊性、不确定性的情况"，所以需要不断更新自己的销售专业理论知识储备，以应对各种不确定的境遇。

季婉老师的新书《7招打造超级销售力》在我看来是提升销售专业理论储备和销售技能的出色书籍。本书运用大量丰富的案例及创新思想，帮助我们跳出思维的误区，形成系统的销售思维与理念，在销售实践中将"不可能"变成"可能"，是一本值得推荐的好书！

希尔顿酒店大中华区投资发展副总裁

陈宝柱

你将从本书中得到什么

你读到的这本书能有效地帮助你迅速提升销售业绩。

在我从事二十多年的销售和数年的培训经历来看，过去一直强调的销售技能培训并不是帮助销售人员提升业绩的最佳路径。那些销售技能初看上去非常实用简单，课堂上学员也练得情绪高涨，但回去却是用都不用，又回到过去的习惯中。当然，这其中的原因有很多，但结果无一例外是过不了多久他们就几乎把这场培训的内容全忘记了，那究竟什么是让学员们真正改变的关键呢？无数次后期辅导验证的结果是信念的转变，也就是你大脑思考回路发生了变化，你看待事情的角度发生了转变。思考问题的思路变了，这才是真正点燃学员行动改变的动力。

我曾读过一段被杰克·韦尔奇称为"思想丰富的人"的博恩·崔西的经历，他曾在高中辍学后，做过洗饭工、洗车工、伐木工，挖过井、擦过地板、拧过螺母……总之，没有一份工作做长久过，直到再也无法靠体力谋生时，他才开始做销售。因为他拥有两样东西，第一是不害怕努力工作，第二是热切渴望学习销售，所以在仅靠提成的初期能够勉强度日，只能住便宜的小旅馆，吃简单的饭菜，直到一位成功的销售教给他销售成功的关键要素，才彻底改变了他的人生。

博恩·崔西曾经用80/20原则来总结销售的成功，他说80%取决于销售人员的思想、感觉、态度、目标、策略、价值观，另外20%才是技巧和知识。

本书将遵循快速提升超级销售力的要素特点，将这些要素总结成了7招，同时依照这7招展开，把很多之前你认为的"不可能"变成"可能"，在改变你信念的同时，打开你的思路，提供更多方法和落地实操工具，使真正的行为改变成为可能。

第1招，建立销售中的积极信念，讲述各个行业中收入最高的销售的共同品质和行为特点。你还会学到怎样提升你的内在力量和信心，让自己从每天销售不可避免的挫折感中恢复过来继续战斗，从而取得销售上的先发优势。

第2招，做好销售目标管理的主人，讲述如何按计划实现并超越销售目标，规划好你未来每天、每周、每月的销售活动，成为一名时间管理达人，最终成为一名销售精英。

第3招，做正确的事永远比正确地做事更重要，讲述销售策略在项目中的重要性，方向永远比方法更重要。在一个多人决策的复杂项目中，哪些要素决定了项目的成败？如何赢得关键人的支持？方向错了，跑得越快离目标越远。

第4招，关注销售中的"人"，你将认识到客户关系对于销售成功的重要性。讲述如何与客户建立高水平的信任关系，面对不同性格的客户该如何应对，如何建立与客户的情感连接。

第5招，关注销售中的"流程"，你将认识到如果你不希望对方感受到你在推销，你的销售流程就必须遵循客户的采购流程和购买逻辑，所有的销售技巧也需要在正确的销售流程下才能发挥作用。

第6招，关注销售中的"术"，全面解析全流程销售中如何做好客户开发，如何了解和影响客户需求和背后动机，如何呈现客户认可的价值，不再深陷价格谈判的漩涡；如何处理客户顾虑，成功推进成交。

第7招，制定成交前的谈判策略，讲述双赢谈判的目标，如何制定谈判策略和进行讨价还价。谈判中赢得的每分钱都是企业的利润，谈判的重要性远比你认为的更重要。

总之，本书将彻底改变你的销售生涯，激发你所有的销售潜能。刻意练习和实践本书中学到的东西，你一定能快速提升超级销售力，成为一名精英销售。

季婉

目录
Contents

第 1 招

建立销售中的积极信念

精英销售身上有什么我们不具备的特质吗？

精英销售身上有什么我们不具备的特质吗？这些特质中最重要的又是什么呢？本招中，我将和你分享阻碍提升销售力的关键要素，并分享如何打破这个魔咒的方法。

信念决定结果

请跟着我说的来做——

现在请起立，抬头看看头顶的天花板，我将给到你三秒钟的时间思考一下是否摸得到天花板。3、2、1，时间到。如果你觉得能摸到就继续站着，如果你觉得摸不到就请坐下吧。

如果你选择坐下了那也没啥可奇怪的，因为在我以往的课堂中，几乎有95%～99%的伙伴会选择坐下。有一次，我问一名站着的学员，让他分享一下他是如何思考的，学员告诉我说："老师，我跳起来可以摸到。"周围一些人发出了置疑的声音，说实话，那次的天花板是我见过离地面最高的一次。那位学员为了证明他可以做到就使劲地跳了一下，唉，差了一些距离，于是他又鼓起勇气跳了第二下，结果还是差了一点。最后一次，他使出全身的力气跳起来，可惜只差那么一点点，还是没摸到。这时我又问他："如果能摸到，你觉得还有什么办法可想吗？"他认真地思考后，回答说："我可以借助一把椅子。""椅子还是够不着，那怎么办呢？""那我就想办法把椅子放在桌子上再试试。"最终，他成功够到了天花板。

通过这个案例你收获了什么呢？一件事情成功与否，往往不在于最后你做了什么，而取决于你认为它"是否可能完成"的那一瞬间。你什么时候放弃了这个目标？是在你坐下的那一瞬间，不是在最后，只要你相信自己可以做到，你总是有办法可以实现的。没错！调整自我心态，建立积极的信念，对于最终结果达成非常重要。

2001 年 5 月 20 日，美国一位名叫乔治·赫伯特的推销员，成功地把一把斧子推销给布什总统。布鲁金斯学会得知这一消息后，便把刻有"最伟大推销员"的一只金靴子赠予他，这是自 1975 年该学会的一名学员成功把一台微型录音机推销给尼克松总统以来，又一名学员获得如此高的荣誉。

布鲁金斯学会创建于 1927 年，以培养世界上最杰出的推销员著称。它有一个传统，在每期学员毕业时，都会设计一道最能体现推销员能力的实习题让学员去完成。克林顿当政期间，他们出了一道题目：请把一条三角内裤推销给克林顿。八年间，有无数学员为此绞尽脑汁，可最后都无功而返。克林顿卸任后，布鲁金斯学会把题目换成：请把一把斧子推销给布什总统。鉴于前八年的失败和教训，许多学员知难而退。有的学员甚至认为，这道实习题会毫无结果，因为现任总统什么都不缺；即使缺少，也不用他们亲自购买；再退一步，即使他们亲自购买，也不一定买你的。然而乔治赫伯特却做到了，并且还不费力气。一位记者在采访他时，他是这样说的："我认为，把一把斧子推销给布什总统是完全可能的。因为，布什总统在得克萨斯州有一处农场，那里长着许多树，于是我给他写了一封信，说'有一次，我有幸参观您的农场，发现那里长着许多矢菊树，有些已经死掉，木质已经变得松软。我想，您一定需要一把小斧头，但是从您现在的体质来看，这种小斧头显然太轻，因此您仍然需要一把不甚锋利的老斧头。现在我这儿正好有一把这样的斧头，它是我祖父留给我的，很适合砍伐枯树。如果您有兴趣，请按这封信所留的信箱，给予回复……'最后他就给我汇来了 15 美元。"

乔治赫伯特成功后，布鲁金斯学会在表彰他的时候说：金靴奖已空置了 26 年。26 年间，布鲁金斯学会培养了数以万计的推销员，造就了数以万计的百万富翁。这只金靴子之所以没有授予他们，是因为我们一直寻找这样一个人：这个人从不因有人说某一目标不能实现而放弃；从不因某件事情难以办到而失去自信。

不是因为有些事情难以做到，我们才失去自信，而是因为我们失去了自信，有些事情才显得难以做到。作为一个销售人员，尤其如此。在销售过程中，只有不畏艰辛，充满自信，才能获得更大的成功。

马云曾经在阿里巴巴年会上做过一次演讲，有人把马云的演讲精华做了摘要，其中放在首位的就是这句话：绝大多数人因为看见而相信，而阿里人走到今天是因为相信而看见。这，就是积极信念！

马云不是第一个做电商的，但却是如今做得最成功的一位。当年创建阿里巴巴时，他也遇到了很多人曾遇到的两大难题，哪两个呢？第一个是物流的问题，当时全国物流做得最大的是哪家？在 20 世纪 90 年代末，EMS 做得最成功，但是它仍有很多地区无法送达，后来马云整合了全国的物流资源，大大推动了物流业的发展，现在基本触达全国每个角落。物流问题还不是最难的，最难的一件事情是什么？当年人们的交易方式是一手交钱一手交货，电子商务将交易方式变成了卖家需要在收款前发货或买家需要在发货前付款，可是，如果买家没有拿到货，不能确认货物完好无损，他怎么愿意付款呢？卖家也担心货物发出了钱收不回来怎么办？谁也不愿意承担风险，马云说这是一个问题，但是我们一定要想办法解决它，于是创立了支付宝。

大家可能对亨利·福特不陌生，他是福特汽车的创始人，他曾经说过："如果你认为自己可以做得到，或者你认为你不可以，你做不到，你总是对的。"

　　两位名人无不在阐述同样一件事情，那就是建立积极信念对一个人的重要性。

　　接下来，如图 1-1~ 图 1-4 所示，请大家看几张图（见附录参考答案①）。

图 1-1　看图三秒，判断图中哪只猫更长

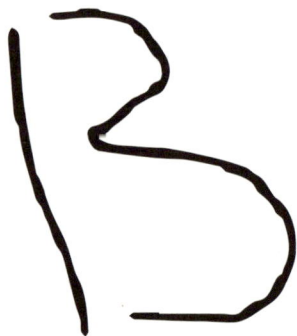

图 1-2　看图中的图形，你看到的是什么

图 1-3　在图中你看到多少个圆

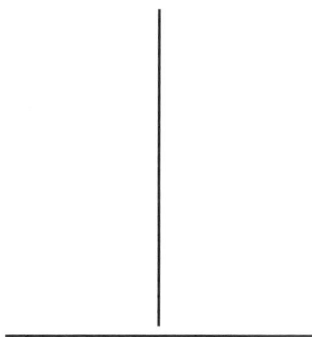

图 1-4　图中的横线和竖线哪个更长

　　是的，很多时候我们看到的未必是"事实"，我们看到的只是"我认为"和"我相信"，但事实真的重要吗？真实情况是"我相信"比事实更重要，因为人们都是根据自己的认知来做决策的。

　　情绪 ABC 理论是 20 世纪 50 年代由艾利斯在美国创立，艾利斯宣称：人的情绪不是由某一诱发性事件本身所引起，而是由经历了这一事件的人对这一事件的解释和评价所引起的，这就成了 ABC 理论的基本观点。A 代表诱发事件（Activating event）；B 代表信念（Belief），是指人对 A 的信念、认知、评价或看法；C 代表结果，即症状（Consequence）（如图 1-5 所示）。

A	Activating event	激发事件
B	Belief	信念
C	Consequence	结果 / 情绪

图 1-5　ABC 情绪理论

通常人们会认为，人的情绪的行为反应结果是直接由诱发性事件 A 引起的，即 A 引起了 C。ABC 理论则指出，诱发性事件 A 只是引起情绪及行为反应的间接原因，而人们对诱发性事件所持的信念、看法、解释 B 才是引起人的情绪及行为反应的更直接的原因。

两个人一起在街上闲逛，迎面碰到他们的客户，但对方没有与他们招呼，径直走过去了。这两个人中的一个对此是这样想的："他可能正在想别的事情，没有注意到我们。即使是看到我们而没理睬，也可能有什么特殊的原因。"而另一个人却可能有不同的想法："是不是上次顶撞了他一句，他就故意不理我了，下一步可能就要故意找我的茬了。"

通过以上案例和体验你感受到了什么？你得出了什么结论？第一，人是根据认知来做决策的，信念会影响认知，因此信念也会影响结果；第二，不同人看同一问题可能会出现不同的角度，鼓励大家用积极的信念去看待问题，积极信念会对结果产生积极影响。

现在大家是否能回答最开始的这个问题了呢？"精英销售身上有什么我们不具备的特质吗？这些特质中最重要的又是什么呢？"精英销售和我们最大的不同是他们更多会用积极信念去看待和思考问题，因此销售七宗罪在这里就是指七个给销售带来最大困扰的负面信念。为了方便大家记忆和学习，我特将七宗罪转化为七个积极信念送给大家。当你拥有这七个积极信念时，你也就为打造超级销售力迈出了第一步。

销售七宗罪

第一宗：变得好一点点

大家知道赛马比赛，其实头马仅仅比其他马领先了一个鼻子的距离而获胜，但它赢得的奖金却是 10 倍于对方。在销售当中，销售人员甚至还不如马，因为如果你是备选，你可能在投入巨大资源后仍将一无所获。所以，你仅仅需要在每个决定销售成功的因素上做得好一点点，积累这些优势，在销售业绩上就能把对方远远地甩开。我们只要每一天比昨天做得好一点点，这种累积起来的领先差距就会不断扩大，你就可以在几个月以后，无论业绩还是挣的钱都比那些表现依然平平的人多几倍以上，而一旦你能小小领先，就会像滚雪球一样把领先差距不断扩大。

第二宗：今天开发客户是为了明天不再开发客户

如果想实现销售业绩，你只有两条路，哪两条呢？一条是扩大你的商机客户群，怎么扩大？需要不断增加潜在客户数量，然后在其中做筛选。如果有一天你的老客户介绍数量足以支撑你完成业绩指标，那你就可以依靠老客户转介绍，大大提升你的成单率，毕竟打 Cold Call 的成交率本身就是低的，再高超的电话技巧，有时也比不上一个熟人介绍来得容易。

第三宗：进行销售的最佳时机是在刚签完一笔订单之后

销售的自我价值感的提升是靠不断成单获得的，何时是销售的最佳时机呢？答案是在完成一笔销售以后。因为那时的你自信心爆棚，这就会给你带来更好的结果，而不是休整一段时间之后。所以，为什么不乘胜追击呢？你很可能因为第一笔订单的良好状态影响到第二笔、第三笔订单的成交，从而进一步提升你的价值感，那样将减少状态起伏带来的负面影响。

第四宗：拒绝并非针对个人

所有的销售人员都害怕被他人拒绝，不是吗？你有进行过自我怀疑吗？在当下，可能只是客户心情不好，或者是客户遇到了一些事情，其实他拒绝的是这件事情，而不是你这个人。

世界上最伟大的推销员乔·吉拉德曾经说："被拒绝是你工作的一部分。"我也曾给我团队的销售们算过一个数字，想说明拒绝也有它的价值。在我曾经工作的行业中每打 100 个 Cold Call 大概有 5 个客户愿意见面，每 5 个见面的客户中可能有一两个能成交，这就是一个概率。所以当你被拒绝达到一定的数量，就自然会成交，被拒绝也有价值，被拒绝并不可怕。

第五宗：写下目标

要想真正实现目标，你就必须把它写下来，写下目标这一行为的本身就会让你完成目标的可能性增加 10 倍。即便你没有按期完成目标，"写下目标"仍然会比你只放在脑子里什么都不写要好得多。相关内容我将在第 2 招中进行详解。

第六宗：我最棒

每次拜访客户之前，在进门之前，你要不停地用这些肯定的语气给自己打气："我是这个公司最棒的，是这个行业最棒的。"当你这么想，你就真的可能实现它。

暗示有强大的力量。恐惧和自我怀疑一直以来都是人类潜能的最大敌人。在进入客户办公室之前，你的头脑中呈现的是成功谈判还是被客户拒绝的情景？你会不会一拿起电话就会感觉头痛心烦？如果每次拜访客户前都能站在客户门口想象成功合作的景象，那样做你就真的会成功，相信你能够创造更好的结果。

第七宗：多问少说

规律告诉我们会提问的人总是在控制局面，在说的时候我们是在向对方提供信息，而当我们提问之后，我们却是在收集信息。相关内容我将在第6招中进行详解。

怎么拥有以上七个积极的销售信念？把它写下来贴在任何你看得到的地方，直到能熟背下来。奔跑吧，销售！

提升能量，挖掘潜能

本节将为你分享看不见摸不着但却具有巨大影响力的"能量"，如何左右我们的结果，以及如何提升能量的三个方法和挖掘自我潜能的三个步骤。

某个星期二的早上，天上下着细雨，两旁的路面上飘落着片片黄叶。

昨晚你因为赶方案睡得很晚，闹钟铃响时眼睛困得几乎睁不开，但因你与客户约定了九点见面，只能挣扎着起床。你使劲揉了揉眼睛，看到镜子里的自己眼睛是肿的，显得非常没精打采。最近应酬很多，身材发胖起来，很久没有去健身房锻炼身体了，在路上头还有些昏沉。到了客户那里，你没做啥准备，想到哪儿说到哪儿。虽然在听客户说话，但哈欠忍不住地打了好几个，客户的有些话没听太明白也不好意思多问。笔记记录得不太完整，回去做方案的时候发现有些内容缺失，只能凭着自己的猜测和大概印象完成了客户的需求。请问，这份方案的效果究竟会如何？

我们再来看看客户的感受。客户第一次见你，看到一个睡眼惺忪不太精神的人出现在自己面前，第一印象不是很好。走在会议室的路上，客户发现你还在不停打哈欠，对话时发现你说话没力量，提问有些含糊，心想这个销售思路不是太清楚，等你离开的时候客户终于松了一口气，他不确定下次是否还有时间再见你……

类似场景是否似曾相识？在你身上是否也发生过？过去，只要一走进客户的公司大堂，我就能立马感受到这个公司的能量，因为能量可以传递，能量可以被感知，对方一样也能感知到你身上的能量。

能量层级

什么是能量层级？我们来看看下面这张图（如图 1-6 所示）。这张图是美国著名精神科医师、哲学博士大卫·R·霍金斯博士（David R. Hawkins）研究发现的，人类各种不同的意识层次都有其相对应的能量指数，人的身体会随着精神状况而有强弱的起伏。霍金斯认为心智级别的关键反应点在 200，这是虚弱与强壮的平衡点，负面和正面影响力的分水岭。低于 200 的级别对自我人生和社会或多或少都具有破坏性；而 200 以上的级别是建设性力量的起点。

可以看到整张图分成了两个部分，200 以上是橙色的，属于正能量，200 以下的灰色部分属于负能量。比如 200 叫勇气，当所有人都在困惑，在往后退缩，而你表现出勇气的时候，我们就会说："哇，这个人真棒。"我们会忍不住去称赞他，因为你看到了高流明①。第 2 个 250 的能量是"淡定"，淡定是一种能力也是一种修为。在很多人面对复杂事件的时候，通常表现出焦急的状态，但是也有一些人无论面对什么情况，他们都能进入到淡定的状态，还有主动、宽容、明智、爱，这些都是高流明的状态，从 200 到 500 也就是

---

① 流明（lumen，符号 lm）是光通量的国际单位。它是根据坎德拉球面角度定义的。一流明是相当数量的光散发在 1 球面角单位，从光源向各个方向发散出的等量能量。高流明是高的光通量。

能量层级（正）

700–1000	开悟	人类意识退化的顶峰，合一，无我
600	平和	感官关闭，头脑长久沉默，通灵状态
540	喜悦	慈悲，巨大耐性，持久的乐观，奇迹
500	爱	聚焦生活的美好，真正的幸福
400	明智	科学医学概念系统的创造者
350	宽容	对判断对错不感兴趣，自控
310	主动	全然敞开，成长迅速 真诚友善，易于成功
250	淡定	灵活和有安全感
200	勇气	有能力把握机会

能量层级（负）

175	骄傲	自我膨胀，抵制成长
150	愤怒	导致憎恨，侵蚀心灵
125	欲望	上瘾，贪婪
100	恐惧	妨害个性的成长
75	悲伤	充满对过去的懊悔、自责和悲恸
50	冷淡	世界看起来没有希望
30	内疚	导致身心疾病
20	羞愧	严重摧残身心健康

图 1-6　能量层级

从勇气到爱这个级别的高流明是我们每一个人与生俱来的能量层级。500 能量层级以上有三个能量层级，分别是喜悦、平和和开悟，这就需要通过一定的修行才能做得到了，我们如果把现在全世界已经达到开悟的几十个人聚集在一起，他们所迸发出来的这个能量层级可以抵得上 200 流明以下所有人聚集在一起所产生的能量层级。从 700 到 1000 叫开悟，什么是开悟的状态呢？就是你过去悟不到，但是突然在悟到的那一刻，你拥有了更多的选择，内心充满了力量，你经常会说"哇"，那一刻就是顿悟。那一刻是能量层级非常高的。这世界上有没有人能达到 700 呢？和能量层级 700 以上的人在一起的感觉会怎样呢？

700 以上的还真有！她是特雷莎修女，在 1979 年的时候，她获得了诺贝尔和平奖。当这位女士走进屋子的一瞬间，在场所有人的心中都充满了莫名的幸福感，她的出现即刻使人们几乎想不起任何杂念和怨恨。当一个能量层级特别高的人出现在你面前的时候，你是能够被他提升带动起自身能量的，因为能量是流动的和可被传递的，我们要尽量去跟那些能量比自己高的人在一起。

200 能量层级以下分别是骄傲、愤怒、欲望、恐惧、悲伤、忍耐、内疚、羞愧，羞愧是能量层级最低的。试想，有一天当我们感到特别羞愧的时候，如果眼前有一个地洞，我们都恨不得自己能够钻进去，恨不得马上消失，这其实就是心灵的自杀。所以当你恨不得自己消失的时候，你就已经走向了最低的能量层级，因此也切记千万不要给他人创造羞愧的感受。

很多时候，人对自己的能量层级是没有办法很敏锐地觉察到的，因此对自我能量的敏锐觉察是我们一生都要去修炼的，而且这种能量是会让他人感知到的，就如我们本节开头的那个情景，你的客户一定能感受到你当下的能量，会对你产生第一印象，一旦第一印象产生，就较难改变。无论你的客户的能量层级在哪里，你都需要像个小太阳一样去温暖他、影响他，积极热情也是一个精英销售所必备的一条素养。

那你的能量如何能被快速提升呢？我们得先说说最常见的四大情绪。我们经常说"喜怒哀乐"其实并不完全准确，应该是"喜怒哀惧"。你会发现这其中只有一种情绪是正能量的，是哪种呢？没错！喜悦。你要为自己为他人更多地去创建喜悦的感受，喜悦的时候就是你高能量的时候，因此你也会发现当你开心的时候你的聪明才智会特别多，你的效率也会特别高，有没有快速创建喜悦感受的好方法呢？有没有快速提升能量的好方法呢？

提升能量三大法

了解了能量是这么重要的一件事情，会影响你对自己及他人对你的评价以及影响我们销售的结果，那我们就来看看如何去提升我们的能量的三个方法。这三个方法分别是锻炼身体、欣赏激励和 142 呼吸法。

有句话是这么说的：能量比你高的人会理解你，能量和你同频的人会喜欢你，能量比你低的人会批判你。要去理解那些能量比你低的人，同时不要在低能量的圈子里待太久。

我们先来看锻炼身体，锻炼身体为什么能提升你的能量层级呢？

2020 年，培训市场受冲击很大，所有线下课程几乎全部取消或延期，所有老师瞬间全部转线上，我的工作地点也从酒店、客户培训教室转移到了家里，瞬间多出了大把时间。于是我终于有条件将过去碎片化的时间进行整合，每天至少可以保证 1 小时的锻炼时间。在锻炼期间，我发现自己的思维活跃度、逻辑严密性、工作状态等发生了很大改观，工作效率大大提升，因而我成功地和一家大型培训机构开发了一门 OMO 线上线下销售实战训练营项目。该项目的整个开发设计和前期写稿录制等工作，如果没有持续充沛的体力和清晰的脑力支持，估计早已流产。

身体锻炼在整个过程中为我提供了高能量的支撑。

前两年因孩子读书原因搬家。有一次，我到新家附近的理发店理发，还记得进店瞬间我就被店里一位中年女发型师吸引，只见她体态健美，浑身散发着健康的气息，她一边和客户谈笑风生，一边娴熟地为客户整修发型，整个人充满力量。虽然她旁边还有两位客户在等待，但我仍然愿意排在后面，冥冥之中就这么被吸引了过去，隐约感觉和这样的人在一起会更快乐，这样的理发过程也将是一种享受。后来才慢慢了解到，看上去最多三十几岁的她其实已经五十一岁，她坚持每天早起锻炼和练瑜伽十几年，每当那些年轻发型师累到做不动的时候她还能轻松自如地应对工作，她满满的能量和良好的状态为她成功吸引了更多新客户的光顾，外加良好的专业技术，让她成为店里业绩最好收入最高的美发师，我也成为她的新客户之一。

谁不愿意和积极热情有活力的人在一起呢？相信长期坚持身体锻炼一定可以为你带来能量的提升。

当今社会，工作、生活压力都非常大，如果你是一个多年未运动的销售人员，那么该如何重启你的锻炼开关呢？先可以通过慢跑、游泳等运动复苏心肺功能，再配合一些器械练习加强肌肉活力，只要坚持下去情况就会慢慢改善，一开始不用太多，一周两次，每次慢跑一两千米，后面再慢慢增加。当然，我也有朋友将拳击、跆拳道或跳舞当成一种释放压力和运动的方式，也是非常好的。选一样你最喜欢的运动吧，出一身汗，把身体里的压力和负能量全都带走，留下满满的正能量。

第二种提升能量的方法叫欣赏激励法。激励欣赏法怎么做？刚才说到四大常见情绪中有三大情绪是负能量的，只有"喜"是正能量的，喜悦的喜。如何让自己变得更喜悦呢？在我的培训现场，我会请一位学员上来跟我一起做个示范，我说我现在要用三个正向而积极的词来形容你，你上来跟我握手的那一瞬间，我发现你是一个非常热情的人；第二，我发现你一直都在记笔记，你是一个非常善于思考的人；第三，你是一个非常乐观的人。

所以我给了他三个关键词：热情、善于思考、乐观。我说："现在请你把我送给你的三个词记在你的本子上，一会儿我们要去采访十个人，相互给出对方三个正向而积极的词去形容对方，要求必须真实。"首先，真实重要吗？如果不真实的话，夸人就像什么？就像骂人一样，所以一定要真实。第二，在欣赏别人的时候是否需要勇气呢？当你不敢欣赏激励别人的那一刻，你真正不敢欣赏的人是谁呢？就是你自己，所以勇气非常重要。第三，什么样的欣赏激励是有效的呢？答案是高频，所以我才要求大家做这个练习的时候要找十个人练习。这也告诉我们，未来我们要经常在工作和生活中欣赏激励他人，直到养成这种思维方式和习惯。我自己练习的时候，我给自己找了三个词，分别是勇敢、坚持、有觉察力。说实话，我当时不太认为自己真的很有勇气，真的所有事情都能坚持，真的很有觉察力，相反地，我的觉察力是比较弱的，但是我很喜欢这三个词。每天早上出门之前，我都会对着镜子对自己说："我喜欢我自己，因为我勇敢；我喜欢我自己，因为我坚持；我喜欢我自己，因为我有觉察力。"结果，神奇的事情发生了，我发现我变得越来越勇敢，越来越懂得坚持，越来越有觉察力，这也证明欣赏是可以带给他人对这种品格的责任感的。当别人欣赏我的时候，我的内心怎么样？非常喜悦。当给到他人欣赏的时候，我也看到他人眼中散发的光芒，我看到了他也非常地惊喜和开心，结果两个人彼此之间的能量相互传递越来越高。懂得欣赏和激励他人，其实就是懂得欣赏和激励自己，这对于我们的能量提升非常重要，更重要的是，欣赏会让你对这种品格拥有责任感，让你变得越来越好。

多年前的一天下午，我去见客户，那天我的心情特别好，于是我就对门口正在扫地的阿姨打了声招呼，我说："阿姨，早上好！"

没过多久，我和客户签约了，客户问我："你知道为什么我这么快跟你签约吗？"我比较好奇，就反问客户原因，他说："你还记得那天早上你和一个阿姨打招呼了吗？和你沟通比较愉快，也感受到你的专业度，后来，那位阿姨到我办公室打扫卫生的时候，告诉我你很有礼貌，我想很多人都认可的一个人肯定差不了，交给你做事我也能放心。"他这么说完以后，当我第二次再去他们公司时，请问我要表现出什么样的特质呢？就这样，我微笑着向对面走来的每一个人打招呼，神奇的事情也发生了，当我微笑着向他们点头招呼的时候，几乎所有人都回应我同样的微笑和热情，这就是当你欣赏他人的时候，你也更容易获得别人的欣赏的原因，能量在这种交互中不断提升。

最后一种方法叫142呼吸法。很多时候当我们觉得有压力或是很紧张的时候，我建议大家试试142呼吸法。142呼吸法是什么意思呢？请用一秒钟的时间吸气（鼻子吸气，嘴巴呼气），屏气停顿4秒钟，然后用嘴巴呼气两秒钟，让我们再来一次142。来，一秒吸气，四秒屏气，两秒呼气。当循环了好几次以后，你会发现你的压力感会降低，你的能量会被提升。当你在进入最高决策者办公室之前，当你在客户公司门口，当你要去领导办公室时，或者主持一个重要会议前，你都可以来几次142呼吸法。当你能量满满出现在对方面前时，"哇喔！"对方内心会发出这个声音，瞬间会被你吸引住，更容易产生信赖感，帮助你达成销售的成功。

挖掘潜能三步骤

如图1-7所示，这是一张冰山图，这张图说明了你远比你看起来更有能力。

你的显性能力只占了你潜能（冰山下）的很小一部分，同时，你也远比你认为的更厉害。

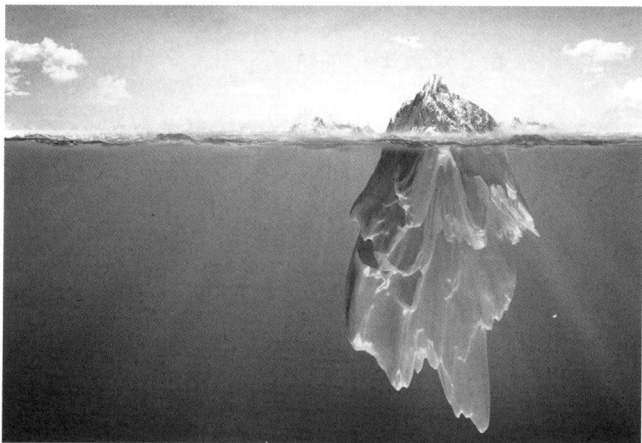

图 1-7　冰山

说到如何激发潜能，我不得不提到 20 世纪 70 年代一位在美国家喻户晓的网球教练，他的名字叫添·高威。这位教练具备一项独特能力，可以在短时间内迅速教会一位不会打网球的人学会打网球，因此他很快被很多人认识。当然，添·高威具备的这项能力，是源于他之前的一个无意间的发现。

有一天，有位网球教练因故不能来授课，添·高威大胆调用一名滑雪教练临时教学生打网球，结果效果出奇地好。很多人一开始不相信，并且质疑添·高威。有一天，美国 ABC 电视台的记者特意上门求证，并带着一位 170 磅重，已经多年不运动，穿着一条像木桶一样长裙的女性去挑战。他说："我们听说，您面对谁都可以在短短 30 分钟内教会对方打网球，今天我们想看一下，您是怎么教会她打网球的？"记者用手指了指身边的这位女士，接着说："我们会对整个过程进行全程拍摄，并放在电视台播放。"添·高威一看，这显然是来挑战自己的啊。伟大的教练之所以伟大是源于他接下来一系列的动作。他看了一眼这位女士，内心充满了认可，他指着这位女士对那位记者说了一句很平凡的话，他说："她一定能学会！"如此简单而充满力量的话引发了这位女士的好奇心，因为这位女士来到这里之前，认为自己肯定学不会，但没想到如此专业的教练，竟然给了她一个如此肯定的答复。

对于一个人来说，好奇心很重要。添·高威成功激发出这位女士的好奇心，于是开始教她打网球，并且在30分钟结束时，她真的学会了。后来，这个过程在电视上播放的时候被很多人看到。一群心理学家开始研究添·高威整个教学过程的原理，发现这位教练把整个教学的过程拆分成三个阶段，每一个阶段解决不同的问题。

第一个阶段，添·高威没有让这位女士直接打网球，只是和她在很放松的情况下进行对话。对话解决的是她的心理问题，她内心的障碍，从她认为自己学不会到学得会的信念转变。第二个阶段，添·高威开始教她打网球，告诉她："忘记所有动作，你的眼睛只需要看一个地方——过来的球。当球过来时，用你自己最擅长的动作去击打它，只要击打到球，你就成功了。"这位女士说："打网球就这么简单？""对，打网球就是这么简单！"于是，这位女士半信半疑地开始打网球。但她很快就发现，她无论用球拍的哪个部位击打到网球的那一刻，教练都在旁边说："太棒了，你又做到了！"在这种正向激发的鼓励下，这位女士就开始慢慢释放出自己的力量和速度，能够打到更多过来的球。第三个阶段，添·高威尝试用一些提问的方式去引导她，"你尝试一下这样站和刚才那样站，击打球有什么不同？这样握拍、挥拍会和刚才有什么不同？"用这种引导的方式，慢慢把她引导到正确地打网球的方式上。在第三个阶段结束的时候，这位女士在场上跑来跑去，虽然很不方便，但是可以很自如地打网球了。事后她承认，如果老是想怎么动，反而就打不好了。添·高威鼓励她集中精神做事情，忘掉恐惧，结果她真的成功学会了打网球。

添·高威把这位女士教会后，在 1977 年的时候，美国 AT&T 公司的 CEO 发现了这位教练的才能，便把这位教练请到自己的企业来，让他尝试着去教所有的高管怎么教别人打球。高管在听的时候很快就发现，这位教练把别人教会打网球的原理和自己带领下属创造高绩效的原理是一样的，商业教练就从这一刻开始慢慢应运而生了。

后来，添·高威发现这是一个伟大的商机，于是他就成立了一个网球学校，这个网球学校不是教别人怎么打网球的学校，而是教别人怎么去教别人打网球的学校，命名为教练学校。后来，教练学校开始慢慢多起来。

这就是添·高威的故事，他使教练从体育领域开始走向其他领域，他的故事中正隐藏着挖掘自我潜能的三个步骤。

为什么我们的表现总是不尽如人意？是我们能力真的比别人差吗？如图 1-8 所示中的这个公式揭示了答案：

假设，在地面上有一条宽 0.5 米的直线道路，从 A 到 B 距离 10 米，让你从 A 走到 B，你觉得可以完成吗？大部分具备正常走路能力的人应该都没有问题（当然，前提是你没有过量的饮酒）。

| 表现 | = | 能力 | - | 干扰 |

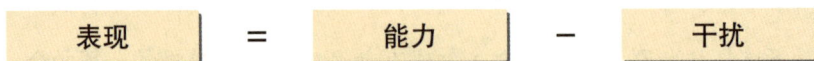

（来源：格雷汉姆·亚历山大（Graham Alexander）的《超级教练》）

图 1-8　挖掘自我潜能公式

现在，假设这条同样宽度的道路突然被抬升了 1 米，距离地面的高度是 1 米，同样的 10 米距离从 A 到 B，你觉得可以完成吗？大部分人应该还是可以做到的。

接着，如果距离地面的高度抬升到 10 米，你还能从 A 走到 B 吗？可能对于某些人来说，这会是一个问题。

再接着，高度抬升到 100 米呢？可能对于绝大部分的人来说，完成从 A 走到 B 可能就是一个问题了。

在这个过程中，每一次从 A 走到 B，我们的表现都可能不同。然而，我们走路的能力其实并没有变化，或者说，我们的能力其实没有降低。是什么影响了我们的表现呢？是高度变化之后，对我们形成的干扰。当然，表面看起来干扰是来自外界的，而事实上，真正的干扰来自我们内心对于这个外界变化的看法和感受。如果我们能够克服内心对于高度的干扰，我们其实可以拥有同样的表现。很多时候，影响我们去"尝试"的，恰恰就是内心的"干扰"。

当然，除此以外，优化和促进一个人的学习过程也异常关键。比如说，"专注"的程度，决定了学习的效果（这可能是最重要的一个因素）。所以，10000 个小时理论（成为某个领域的专家，需要 10000 个小时的练习时间），其实是说"刻意练习"的时间。再比如，除了"专注"，每一次"尝试"之后的总结，也是影响学习效果的另一个重要因素。因此，在形成"能力"的过程中，练习是其中一项重要的途径，甚至可以说，这是唯一的途径。

你可能也会发现，在决定表现的两个关键因素中，哪个对表现的影响更大？能力在短时间内很难迅速提升，而干扰的影响却可能迅速被降低，所以如能降低干扰的影响，将快速提升我们的表现。如何降低干扰对我们的影响呢？以上案例告诉我们分为三个步骤。

第一步，建立信念。

第二步，聚集目标。

第三步，寻找方法。

建议信念的部分，我们已经在前面提到过，任何事情都有两面性，我们要从积极的角度思考，建立"我相信，我行"的信念。聚集目标，首先要做到目标制定和管理（相关内容将在第二招详解），专注于达成目标的所有行为。除了信念和目标，我们还需要找到更多方法帮助我们达成目标（相关内容将在第 3 招至第 6 招详解）。

小结

　　本招让你了解到什么是能量层级，同时给到你三个提升能量的方法，懂得欣赏激励他人和自己，锻炼身体，142 呼吸法，最后给到你挖掘自我潜能的三步骤。请在接下来的时间刻意练习。

第 2 招

做好销售目标管理的主人

达成销售目标的影响因素众多，本招将解析
你的收入究竟谁说了算。

达成销售目标的影响因素众多，本招将解析你的收入究竟谁说了算，如何学会制定、分解目标，制定行动计划，同时说明时间管理的最大障碍和应对方法，如何克服拖延这几个方面帮助你从制定目标到计划实施，打造你的超级销售力，为成为一名精英销售做好前期的准备。

你的收入你说了算

每个销售人员对自己挣多少钱早已形成一个"信念"。心理学家发现，你挣的钱不会与你的"信念"中的收入水平相差 10%。如果你挣得比你认为自己应挣的多 10%，你就会采取"抵消"行为来去除这部分多得的钱。如果你某月挣的钱超过预期，你会有一种冲动去花钱，你会感觉钱在口袋里"发烧"，根本存不住。如果你挣的比认为的少 10% 或更多，你就会采取"补偿"行动，比如延长工作时间，更努力些，以便让自己的收入回到一个令你感觉舒服的区间。一旦进入这个舒适区，你就会呼出一口长气，再次放松下来。比如到今年 9 月底前你就完成了全年业绩指标，你很可能会在接下来的三个月内放松下来，直到第二年的 1 月或之后再"重振旗鼓"。

这就是为什么"你的收入你说了算"。提升你的预期，结果自然不会差。接下来我们谈谈怎么能提升你对收入的预期。

支出决定目标

达不成业务指标的原因主要有两个，第一是没有做好业务目标分解，第二是我们觉得这个业务目标和自己没有关系。

业务目标怎么才能跟我有关系？收入决定了业务目标，那你的收入又是由什么决定的呢？你的支出决定你的收入。你的支出又和什么有关呢？衣食住行育乐。衣，指精英销售的"战服"；食，一日三餐，精英销售手上必须有几家有知名度的酒店或饭店名单，至少你能帮助客户和朋友搞定预订和入住事宜，要知道在某些时候可能一房难求，好的饭店也是提前几个月就订满了；行，有一辆还过得去的"坐骑"，方便出行；育，有孩子的都知道，现在对孩子的投资都不低，假如你的孩子在私立学校，大概一年支出在 6 位数左右；乐，辛苦一年，也要给自己安排一些诸如旅游、度假之类的休闲娱乐活动；最后来说"住"，因为一说到住，其他的支出基本可以忽略不计，在上海一套像样的房子大概需要多少钱？没两千万元，至少也要一千万元吧，假设你是首套房，需要首付 30%，首付就是 300 万元。你准备五年内购买一套首付300 万元的房子的话，那你现在一年是不是至少要存 60 万元？如果要存 60 万元，那你一年应该挣多少呢？我们假设 80 万元。此外，你还需要一定的存款，需要有投资，有紧急准备金等等，这些支出一年差不多也要 100 万元了，这是在北上广这类的一线城市的标准。

无论在哪里，你都可以根据你的支出来算出你一年的收入。假设上面的平均数字是 50 万元吧，你是按业绩 10% 来提成，那么，你的业务指标至少也要 500 万元，当然，提成比例在 10% 以上的行业已经算不错了，这表示已经是比较难做的行业了。如果你想要过你想要的生活，你就这可以这样倒算出你的业务指标是多少。所以，业务指标和你有关吗？绝对有关系！在此之前你可能从来都没有这样去计算过，现在还不晚，拿出你的笔和纸来好好的算一算吧。

1.学会制定目标

现在你已算出你需要完成的业务指标，已经做好了成为一名精英销售的心理准备，完成本节内容，进入实战之前，我们还需要学会制定目标，把大目标拆解成小目标，把小目标变成每天的行动计划，否则你还是不知道如何实现目标。

我们都听说过 SMART 原则，但不一定用得很好。"SMART"是五个英文单词首字母的缩写，第一个 S（Specific），代表明确性、明确的、清晰的；第二个 M（Measurable），指可衡量的；A（Attainable）是可行性、可行的；R（Relevant），是相关的；T（Time bound），是时限性。

"S"明确性，所谓明确就是要用具体的语言，清楚地说明要达成的行为标准，明确的目标几乎是所有成功团队的一致特点，很多团队不成功的重要原因之一就是因为目标定得模棱两可，或者没有将目标有效传达给相关的成员，比如我们给销售人员定的目标叫"增强客户意识"，这个目标描述得很不明确，因为增强客户意识有许多具体的做法，比如说减少客户投诉，过去客户投诉率是 3.2%，现在我们把它降到 1.8% 或者降到 1.6%，还有提升服务的速度，使用规范的礼貌用语，采用规范的服务流程，这些都是客户意识的一个方面，这个目标具体指的是哪方面呢？不明确就会导致没有办法去评判衡量，所以建议可以这样修改："在今年年底之前客户投诉率从 3.2% 降到 1.6%。"这个就比较清晰了，这样的目标是可以衡量它完成与否的，那我们对明确性的实施要求是什么？目标设置要有项目衡量标准、达成措施、完成期限以及资源要求，使考核人能够很清晰地看到部门或者科室的月计划要做到哪些事情，计划完成到什么样的程度，这就叫清晰的、明确的。

"M"可衡量性就是指目标应该是明确的，而不是模糊的。应该有一组明确的数据，作为衡量是否达成目标的依据。如果制定的目标没有办法衡量，就无法判断这个目标是否能实现。比如领导有一天问这个目标离实现大概有多远，团队成员回答说我早就实现了，这就是领导和下属对团队目标所产生的一种分歧，原因就在于没有给他一个定量的、可以衡量的分析数据。但并不是所有的目标都可以衡量，有时也会有例外，比如"为所有的老员工安排进一步的管理培训"，"进一步"是一个既不明确，也不容易衡量的概念，到底指的是什么？是不是只要安排了这个培训，不管谁讲，也不管效果好坏都叫进一步呢？我们来把这个目标改进一下，准确地说，在什么时间完成对所有老员工关于某个主题的培训，并且在这个课程结束以后，学员的评分在85分以上，低于85分就是我们效果不理想，高于85分就是达到了所期待的效果，这个目标就变得可以衡量。我们对于"可衡量性"的实施要求是什么呢？目标的衡量标准遵循能量化的质化，不能量化的感化，使制定人与考核人有一个统一的标准清晰的可度量的标尺，杜绝在目标设置中使用形容词等概念模糊无法衡量的描述，对于目标的可衡量性，应该首先从数量质量、成本实际、上级或客户满意度五个方面来进行，如果仍然不能进行衡量，可以考虑先将目标细化成分成目标后，再从以上五个方面衡量。

"A"可实现性，跳起来可以够得着的目标才是好目标，不是摘星星的目标。

"R"相关性。目标的相关性是指实现此目标与其他目标的关联情况。如果实现了这个目标，但与其他的目标完全不相关或者相关度很低，那这个目标即使达成了，意义也不是很大，因为毕竟工作目标的设定，需要和岗位职责相关联，不能跑题。比如销售人员去学一些时间管理，克服拖延，提升情商，再去学习一些谈判技巧，演讲技能的提升，销售技巧、销售策略的制定等等，这些都和销售工作有关，可是你去学习六西格玛[①]，那么就完全跑题了，除非你打算转岗。

最后一个"T"时限性，指目标是有时间限制的。例如，我们将在2022年的12月31日之前完成某事，12月31日就是一个确定的时间限制，没有时间限制的目标是没有办法考核的，或带来考核的不公。再比如你和你的孩子商量后达成一致意见，孩子英语考试的目标定为班级前三名。你平时问他，有没有在学呀？他说一直在学。然后到考试前发现他平时的英语成绩还在倒

---

① 六西格玛是一种改善企业质量流程管理的技术，以"零缺陷"的完美商业追求，带动质量成本的大幅度降低，最终实现财务成效的提升与企业竞争力的突破。

数第三名前后徘徊，那这就没有意义了。一定要规定好，比如他在什么时间前需要达成。要给目标设定一个大家都同意的合理的完成期限。

总之，五个原则缺一不可，作为一个销售，你既需要在制定业务目标（大目标）时遵循 SMART 原则，也需要在制定每个项目销售目标时遵循 SMART 原则，我们来一起做个小练习（如图 2-1 所示）。

1. 我要成为一名优秀的销售。		S：（Specific） 明确的
2. 我要赚 200 万元。		M：（Measurable） 可衡量的
3. 我要在 2021 年读很多书。		A：（Attainable） 可行的
4. 我要在 2025 年成为亚洲首富。		R：（Relevant） 相关的
5. 我要在今天晚上 11 点前上床睡觉。		T：（Time bound） 有时限的

图 2-1 SMART 五原则

如图 2-1 所示中，练习这五个目标，哪个最符合 SMART 原则？

第一个，我要成为一名优秀的销售。请问，它符合 SMART 原则吗？什么叫"优秀"？是不是不太明确和清晰，因而也无法衡量？第二个，我要赚 200 万元。你觉得缺了什么呢？200 万元比较明确也可以衡量，是不是可行？我们还要看这 200 万元跟自己的人生大目标有什么关系，但最大的问题是缺少了时间，限定的时间不同的话，接下来的行动计划是完全不一样的。第三个，我要在 2021 年读很多书。什么叫"很多"？"很多"是多少？第四个，我要在 2025 年成为亚洲首富，关于这一点重点是需要考虑一下可行性，还有怎么去衡量。第五个，要在今天晚上 11 点前上床睡觉。明确清楚吗？清楚。可以衡量吗？应该也具有一定的可行性，还有相关性。为什么我要早点上床睡觉呢？因为我要养成一个良好的作息习惯，我的身体会健康。这和未来达成的长远目标有没有关系呢？还有一个时间，有时限的。看来第五个相对最好。

再来做个小练习，修改"如何使自己积极努力的工作"，使其更SMART。

显然这个目标不够符合SMART，我们需要如何修改呢？先定义清楚"如何使自己积极努力的工作"中什么是"积极努力的工作"？你想看到什么？你能不能具体描述一下呢？如何去衡量你是否达成了这个目标？你听到了什么，看到了什么，感受到了什么？什么事情发生了，你会觉得自己就在努力积极工作了？可实现吗？你可以做到的，达成的是什么呢？通过多长时间达成目标？你觉得最近的一个可控的时间点需要大概多长时间？当我们在制定一个目标的时候，我们可以反问自己这五个问题，怎样做到具体的、可衡量的、可实现的、（和大目标）相关性的、有时限的？这样的目标才是比较清晰完整可以达成的，越符合SMART原则越容易达成。

2. 双轮法定计划

只制定目标还不够，我们要去制定下一步的行动计划。结果从哪里来？结果是从行为来的。我们制定完目标，一定要真正去执行，靠什么执行？可落地的行动计划。

双轮矩阵可以帮助我们将目标变成可执行的行动计划。

如图 2-2 所示，两个圆左边代表"过去"，右边代表"未来"，都用虚线把它分成八份。假设第一季度要完成销售指标 100 万元，思考左边这个轮，请你写出过去实现这个目标，你都做过哪些具体行为？尽量把这八个格子填满。第二步，给你的这些行为的满意度打分，1-10 分，10 分是最满意，1 分是最不满意。打完分，请你观察一下，这里面一定是有接近 1 分的，也可能有接近 10 分的，你的观察结论是什么？是不是接近 1 分的，你还有很大改进空间？这是不是就是你未来的行为可改善的部分。第三步，来到右边（代表未来）这个轮，请你写出未来两个月（也可以每月做一次），为了三个月内达成销售签单金额 100 万元，你将做哪些行为的改善？从过去的这个圈里，你是不是已经明确下一步你应该在哪些方面进行改善，哪些方面你可以继续保持，哪些方面可以不做？还没有做的可以开始去做，用这个工具就可以把目标拆解成我们的行动计划。

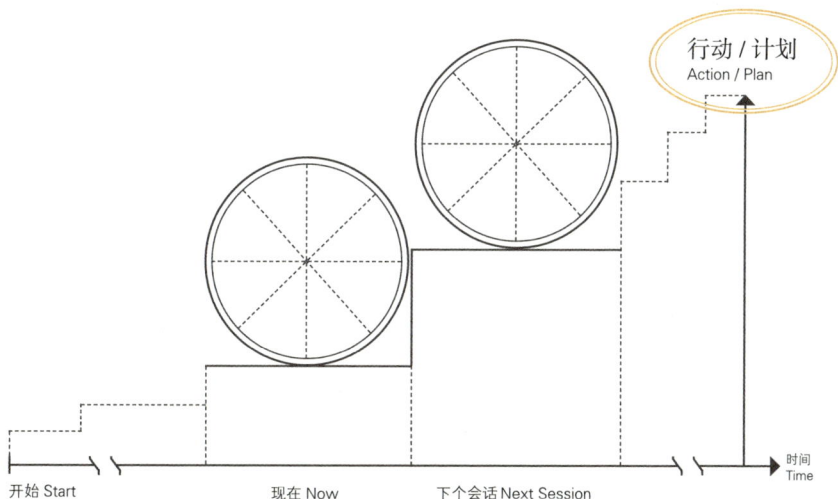

图 2-2　双轮矩阵

我和大家分享了艾利斯的情绪 ABC 理论和为何支出决定了收入，而收入决定了目标，也与你分享了如何制定计划的 SMART 五大原则及双轮矩阵帮助你将目标变成落地的行动计划。

加油吧，精英销售们赶紧行动起来。

做好时间管理，提升效率

哈佛大学的爱德华·班菲尔德博士对美国上流社会的流动性做了几年的跟踪调查。他一直在寻找为什么有的人发展顺利，有的人却止步不前。通过对各种不同假设的测试，他最终得出结论：这一切完全是由个人对时间的态度来决定的。要想实现你的人生目标，你首先要做的就是时间管理。如果你想实现你的销售目标，更要做好时间管理。

时间管理的最大障碍

多年前，我曾看过一个视频，讲的是一家人如何高效工作，又是如何从容淡定、有条不紊地度过一天的生活的。这原本是一则玻璃的广告，但这家人的生活状态却着实令人羡慕。很多次在课堂上，我让学员形容自己的一天，他们往往给我这样的词：忙乱、没时间、压力大、惨……我说："如果给你 86400 元，要在一天时间内花完，不花完钱会被收回，你打算用什么原则来分配这笔钱呢？"

首先，你会花完这笔钱吗？至少至今为止还没出现说不愿意花完的答案，因为不花完也就没了。那你会用什么原则来分配这笔钱呢，怎么花？很多学员回答买东西，他们往往说的是比较贵重，同时对他们比较重要的东西。接着，我又让他们算一算一天有多少秒。你也来和他们一起算算吧。哈哈，没错，一天正好是 86400 秒，明白我为什么这么举例了吧？时间是个抽象的概念，如果我用金钱和时间来做比较，你就更能明白时间的宝贵。我们不会浪费钱，但我们每天是否没有浪费过时间呢？

现在我要给你分配一个任务，需要策划和执行一场你母亲的生日会，可是你只有三个月（2160 小时）的时间了，将如何安排？请把计划写在下面，并估算一下你累计所需要的总时间（以小时为单位）。假设你所有准备的时间都是自由的，没有其他安排。我给到学员的任务相同，唯一不同的是给到他们的时间。从最短的三天（72 小时）到一周（168 小时），再到一个月（720 小时），最长的是三个月（2160 小时）。统计结果令人吃惊。给的时间越长，他们完成任务所花的时间就越长。也许有人会说花的时间越长完成的质量越高，真的如此吗？你的领导要求大家周五下班前完成周报，最晚交的那位一定完成质量最高吗？很多次测试的结果是同样的任务，彼此的时间管理能力竟然相差了几十至上百倍。人和人最大的区别，并不是在智商上，而是在时间管理能力上。在智力上不会有几十倍的区别，但在时间管理上是会有这么大区别的。

如果有多少时间就用掉多少时间，那么如何体现我们是在"管理"时间呢？我们讲"时间管理"，是你来管理时间，而现在是给你多少时间就用掉多少，那就是"时间管你"了，这样就成了时间的奴隶。

1958 年，英国历史学家、政治学家西里尔·诺斯古德·帕金森（Cyril Northcote Parkinson）通过长期调查研究，发表了《帕金森定律》（Parkinson's Law）一书。帕金森经过多年调查研究，发现一个人做一件事所耗费的时间差别如此之大。**只要还有时间，工作就会不断扩展，直到用完所有的时间。**（work expands to fill the time available for it.）如果在时间管理上有这样的毛病，我们就称之为"时间管理上的帕金森综合征"。在时间管理上的这种症状，比身体上的帕金森综合征更加阻碍人们实现自己的目标。

帕金森定律是我们实现时间管理最大的障碍。那我们要如何克服帕金森定律呢？有人说那就给自己限定更短的时间，对不起，你给自己限定的时间限制和别人给你限制的不太一样。比如参加一场成人销售证书的考试，你没有准备好，不参加考试就没有补考机会了，所以为了不错过考试，你会拼命复习，但如果没有这场考试的时间限定，你即便没准备好，你仍可以告诉自己再给自己一点时间来准备，反正还有时间。帕金森定律的根因是还有时间，如果我们可以让自己明白你并不像你想象的那么"空"，你就不会为做一件事花费那么长的时间。比如销售们如果分解了目标知道自己每周需要打 400个陌生电话，约见 20 个客户，他就不会在查找客户清单上花费整整一天时间了吧。

怎么让你知道自己有很多事要做呢？光靠脑子记好像不太靠谱，建议大家还是记录下来。提供给你一个工具，叫待办事项列表。现在如果让你想一下你目前需要做的事有几件，你会想到多少件呢？ 5 件，10 件，15 件？其实，你真正需要做的事远不止这些。比如，我需要与某培训机构开展一门版权视频课程的录制与开发合作，我们预计在 6 个月内完成，我的待办事项将会产生多少件事呢？我最慢也需要在 50 天内完成 10 万字的逐字稿的编写和修改工作，平均到每天就是 2000 字的编写和修改，请问我现在有多少件待办事项了？至少有 50 件事了吧？如果你只能想出几件事要做，说明你的时间管理能力提升空间还比较大。作为一名培训师，我往往需要提前一年做好时间规划。当你把计划变成一件件需要执行的事时，你自然就能感觉到时间没那么宽裕了，你自然就能克服帕金森定律。

知道这个工具的人不少，真正能用好的人不多，使用待办事项列表做记录的原则有两个，如图 2-3 所示。

2021 年 7 月 1 日	2021 年 7 月 2 日
·写 ×× 客户方案（2 小时） ·拜访客户（3 小时） ·×× 客户电话会议（1 小时） ·客户开发清单（2 小时）	·电话客户开发（3 小时） ·周报（1 小时） ·周会（2 小时） ·CRM 录入（2 小时）

图 2-3　待办事项列表

　　请问，你一天可支配的时间是多少小时？除去吃饭、睡觉、洗漱、上厕所等必须花掉的时间，你只剩下 12 小时左右，你可以把需要做的事分配到每一天，但注意不要写几点到几点做什么，而是应该写下这件事所需要花费的时间长度，这是第一个原则。因为如果你写了几点到几点来做，万一有突发事件，那你后面的事情就都要推迟，这可能会导致你后面的拖延的问题。第二个原则是只需安排 6-8 个小时的事，因为可能有突发事件，排得太满依然会给你可能执行不下去的麻烦。

时间管理四大工具

·工具一：重要紧急四象限

小白和小红，同年同月同日进公司，两年以后，小红升到了销售主管，小白还是个销售顾问。小白很不服气，因为他是985毕业的，小红仅是211。小白当初的专业成绩那可是遥遥领先，在他眼里小红一切都不如他，小红之所以能够升官不就是因为会拍马屁吗。有一天，他终于忍不住找到了领导："领导，我想问问，为什么只升小红不升我呢？"领导看了他一眼，说道："给你一周的时间，你仔细去观察一下小红和你做事情究竟有什么不一样，一周以后你再到我这里来，我们一起探讨这个问题。"其实，领导心里也是认可小白的能力的，只是……

周一，开晨会，领导给小白和小红同时布置了一个工作任务，他说在周五下班之前，请他们两位各写一份市场分析报告给他。这两个任务是一模一样的。转眼，时间来到了周五下午三点钟，五点就要下班了，小白还在忙不迭地做着这份市场报告，因为昨天晚上才发现有些数据还需要调整，所以今天一天都在忙着修改这份市场报告。

当天早上九点来到公司，小白他习惯性地打开了邮件，发现有一个客户投诉非常紧急，没有办法，他只得先处理客户的投诉，刚刚处理完，销售部的经理又打来电话找他，说有一件紧急的突发性事件需要他协助，他只得先处理销售部经理布置的工作。

"乱七八糟"的事儿终于忙完了，抬头一看，手表时针已经指到了将近十二点。"那还是先吃饭吧，吃完饭我就赶紧完善这份报告。"小白心想。下午，他一点儿也不敢开小差，全神贯注地修改市场报告，修改完最后一个字，他抬起手看了下手表，16：50，赶紧写邮件发送出去，然后松了一口气，心想：我总算按时交了作业。他对自己感到满意，因为他没有像往常一样拖拖拉拉。

转眼，时间来到了周一早上九点半，小白的电话铃声响起，领导请他进办公室。他内心一阵得意，期待着领导的表扬。进入办公室以后，领导请他坐下，让他说说上周完成任务的感受。如何查找资料，如何多家对比，如何制作 PPT，如何修改数据，小白将整个勤奋努力的过程向领导表白了一番，并且强调在五点之前准时发邮件给领导。他满心欢喜期待着领导的赞美。领导似乎看出了他的意图，挺了挺胸："小白，你知道小红什么时间提交的吗？虽然你们俩报告内容不一样，但时间和质量要求是完全一样的。"小白迷茫地看着领导，因为他实在猜不出来。"星期三下班之前她就交给我了。"领导说。小白大吃一惊，心想：我们俩平时事情都非常多，小红现在还要带团队，事儿可真少不了，这个报告星期三下班之前就提交了，怎么可能？如果真的有可能，那他这个质量可能有问题吧。

领导似乎猜出了小白的想法，语重心长地说："小白，如果我们每周只做完本周的事情，你会不会觉得时间可能还是会不够用？"小白回忆礼拜上个星期五他原本可以提前交作业，可是一件件突发的事情打乱了计划。领导接着说："其实，人和人的智商或者说能力相差不会太大，你会发现每个人的绩效结果却完全不一样。当初我看中你是 985，小红是 211，你的基础比小红还好，但是我没有想到小红在时间管理能力上非常地强，这导致她的绩效和你差距越来越大。小白，你有没有听说过在时间管理当中有个非常重要的工具啊？就是两个维度四个象限，它把时间分成了重要紧急、重要不紧急、紧急不重要和既不重要也不紧急四象限。"小白也是个爱学习的人，这个四象限可是经常听人提起，大概知道一些。

领导接着说："你觉得这四个象限当中，每一天花你时间最多的是在哪个象限呢？"小白觉得每天他似乎都在做紧急的事情，而且一件比一件急，他把大量的时间都花在了紧急不重要的事情上，每天的计划都会被打乱。领导接着问："如果让你选择的话，你希望把最多的时间花在哪个象限上呢？""那还用问吗，四个象限当中最重要的就是重要紧急的那个象限啊，如果让我选择，我当然愿意把我所有的时间都花在重要和紧急的事情上。""你知道小红每天会把大量的时间花在哪个象限上呢？"小白百思不得其解，重要紧急肯定是最重要的，难道小红还有其他选择吗？"这就是她和你最大的不同，小红每一周都会把重要紧急的事情第一个完成，完成掉以后，如果还有时间，她就会去做那个重要而不紧急的事情。所以，她能把下周或者再下周或者这个月重要不紧急的事情大多数都提前做掉，因为那些看似不紧急的事情，会随着时间地推移变得越来越紧急，最后会从二象限变成一象限。"

小白觉得领导的话非常有道理，他恍然大悟，终于明白了小红超过他的原因。小红之所以能在周三下班前就完成这份报告，就是因为他上周做了很多重要而不紧急的事情，他上周就把这周的活儿给先干掉了，当突发状况出现的时候，就不容易被打断，所以周一至周三，她几乎毫无干扰地就把任务给完成了，再想想自己的做事风格呢？小白非常惭愧，因为他把大量时间用在重要紧急和紧急不重要的事情上。

你每天都会有很大量的突发事件要处理，因此事情变得没有计划，所以做事情的效率就会降低。有些人进入职场三四年就可以完成别人职场生涯三十年或者四十年做的事情，由于他时间管理能力强使他在职场上获得了不一样的职业发展。

这就是我曾经的团队成员的真实故事。如果把事情按图 2-4 这个四象限来分析，哪个象限更有价值，值得我们花更多时间来做呢？重要不紧急这个象限内的事情，值得我们每天花至少60%以上的时间来做。作为一名精英销售，做好时间的计划，尽量少做不重要的事或交代他人来做，把自己的时间都花在那些重要的事情上吧。

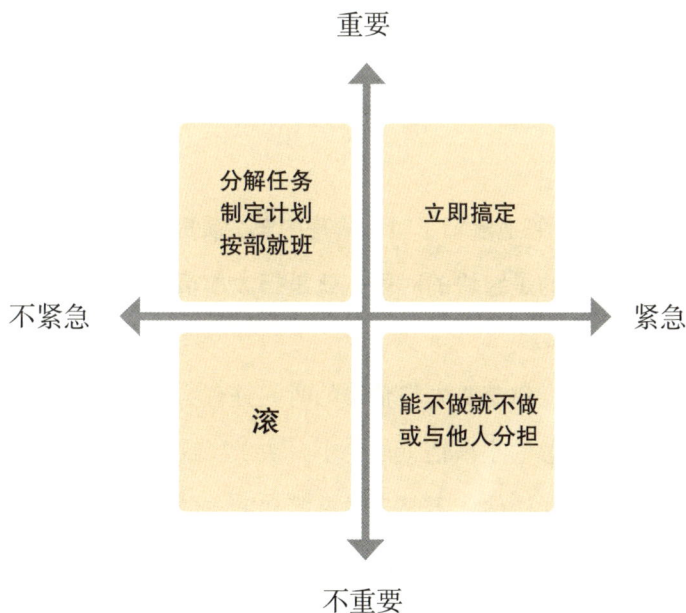

图 2-4　四象限法则

·工具二：大事情和小事情

史蒂芬·科维先生曾经做过一个试验，在一位女士面前放着一个玻璃罐子，罐子旁边放了很多石头和沙子，石头有大的，也有小的。请这位女士想办法把这些石头和沙子全部放进这个罐子。第一次这位女士先把沙子放进罐子，之后再把小石头放进罐子里，最后放入大石头，可无论她再怎么变换大石头的摆放位置，余下的几块大石头依然无法全部放到罐子里。

第二次她完全反了过来，先把大石头放进罐子，大石头的旁边留出很多空隙，然后，她又将很多小石头放进了罐子，这些小石头将大石头旁边的空隙填满了，最后她把沙子全部都放到了罐子里。

这个试验的结果令在场的所有人非常震惊，同样的罐子，同样的石头数量和体积，只因为放入顺序的不同，结果就产生了这么大的区别，这是为什么呢？

其实，这个试验很好地解释了时间管理中第二种时间打包方式的重要性。**实验中的大石头比喻的是整块的时间，就是指大事情，小石头比喻的是零散的时间，就是指小事情。**

有效的时间管理，你需要先将整块的时间处理大事情（如：大石头），空隙时间再去处理零散的小事情（如：小石头），这样在单位时间内，你的工作效率才会更高。这样你才不至于晚上躺在床上的时候回想一天的工作，感觉怎么做了很多杂事，正事一件没做了。这也是为什么别人一周内可以有效拜访20家客户，而你只能拜访5家的原因了。因为时间一旦被合理打包再安排，效率就将大大提升，你就有更多时间来做你认为重要的事情了。

如图 2-5、2-6 所示这两张待办事项对比，如图 2-5 所示安排了太多杂事，以至于如图 2-6 所示中的"客户开发"和"三家客户拜访"排不进去了。那如图 2-5 所示中这些"杂活"怎么安排呢？建议大家集中安排，效率更高。比如，一周就安排一天做客户清单整理，而不是分配到每天做，包括如图 2-6 所示中被暂时划掉的内容都建议用整块的时间来做会更高效。

早会	15 分钟
检查电话清单	10 分钟
找客户清单	30 分钟
打电话	10 分钟
客户投诉处理	20 分钟
内部项目会议	20 分钟
上网学习	30 分钟
查看公司 ERP 系统填写	20 分钟
报销单填写	20 分钟
填写意向客户反馈表	30 分钟
……	

客户开发

3 小时安排不进去了！
时间不够了！

✕

客户开发	180 分钟
三家客户拜访	180 分钟
早会	15 分钟
~~检查电话清单~~	~~10 分钟~~
~~找客户清单~~	~~30 分钟~~
~~打电话~~	~~10 分钟~~
客户投诉处理	20 分钟
内部项目会议	20 分钟
上网学习	30 分钟
~~查看公司 ERP 系统填写~~	~~20 分钟~~
~~报销单填写~~	~~20 分钟~~
~~填写意向客户反馈表~~	~~30 分钟~~
……	

√

图 2-5 待办事项 1   图 2-6 待办事项 2

· 工具三：专注

小练习：

1. 在纸上写下 "How are you?"，记录下你所花的时间。

2. 同样是 "How are you?" 但只写偶数位的字母，记录下你所花的时间。

请问看到结果，你的感受如何？体会哪个更有效率？如果没猜错，大部分人的答案是第二个所花时间更长，为什么写得更多的所花的时间反而更少呢？

最近几年，我经常到全国各地给学员上课，有些时候上课总有这样的学员，要么带着电脑来边工作边上课，要么不停地跑到教室外接打电话，他们喜欢边工作边学习，感觉这样效率才高，可是这样效果真的好吗？上课没认真听，时间一长知识点就忘得差不多了，回邮件的时候也没特别专注，所以当时怎么写的，他也记不清了，这样做事到底是效率低了还是高了？有没有感觉现在记忆力下降很多，为什么？你现在看一篇文章，特别是微信上的文章花多少时间？过去呢？

时间打包的第三个工具叫"专注"。在只写偶数位置字母的练习中，虽然完成的工作量少了一半，但是完成的时间却并没有缩短，甚至更长了。这说明合理安排工作，是能够很大程度上提高效率的，两件事不停切换，从切换到专注大致需要十几分钟过渡时间，人的大脑也习惯于一个时间专注做一件事，尽量做完一件再做另一件。

· 工具四：时间审计

有一首歌叫《时间都去哪儿了》，我们也来做这个同名的小练习。如果想让你的每月支出更合理，最好记录你一段时间的支出明细，然后分类统计自己在哪些方面超预算了，哪些方面支出不足，在后面时间做有针对性的调整，时间管理也是同理，时间审计怎么做呢？

看看现在几点？第一步，请你花 20 分钟详细记录下昨天这个时间到今天这个时间，即 24 小时的时间使用明细（如昨天上午 9 点到今天上午 9 点），请以分钟为单位。将你所做的事分得越细越好（比如不要写"上班"，而是写出这段时间做了哪些具体的事）；第二步，请用"1440 分钟 – 你明细中所有事项所花时间 = 你丢失的时间"；第三步，请选出这些事情当中属于成长的事情，计算出"成长时间"总和。何为成长时间？为达成目标而发生的学习行为（知识、能力、经验都算成长时间），锻炼算成长时间。看电影算不算成长时间？要看看电影的目的是什么？比如有几次我看电视连续剧是为了开发课程准备素材，那也可算入成长时间。

根据统计发现，职场人士的平均丢失时间在 2 小时左右（中位值），平均一天的成长时间（周末也算入）在 5-6 个小时。自我觉察，这是否会触发你做一些调整？

一般我会建议大家先做时间审计（如表 2-1 所示），这相当于医生问诊，找到病因，调整就有了目标。然后，建议大家列出至少三个月内的待办事项列表，越细越好，最好细化到每一天做哪些事，分配时别忘记结合我们的工具二和工具三，最后把这些事放入工具一中分类，只做那些重要的事。相信你的时间管理能力会越来越棒，你会慢慢感觉到自己可支配的时间越来越多，很多重要的事有时间做了，你做事的规律越来越符合 80/20 原则，离精英销售就更进了一步。

表 2-1　时间审计

错误的审计内容：	
上班　15:30–17:30	
正确的审计内容：	
聊　天	15 分钟
发　呆	15 分钟
看手机	20 分钟
洗手间	5 分钟
开　会	42 分钟
做工作汇报 PPT	23 分钟

克服拖延，助力结果达成

做了计划不执行，并带来负面后果的，在本书中被称为拖延。

你有拖延症吗？请填写表 2-2，看看结果。

表 2-2　拖延事情记录表

一直拖延不做的事情	把时间用来做了什么事	当下的感受	事后的感受

有个好消息要告诉大家，我们绝大多数人是没有拖延症的，我们有的只是"拖延的行为"。一旦上升到"症"，就意味着这种行为让他感觉十分痛苦，有想改变的欲望，但越想改变就越拖延，以至于影响到睡眠、吃饭，导致较严重的后果，如焦虑和抑郁等，所以我们大多数人自称有的"拖延症"，最多是"拖延行为"。不过也有个坏消息要告诉你，就算你知道了如何克服拖延，拖延行为仍可能终身陪伴你，你时不时还会拖延，只是学习后的你会更容易觉察到自己的拖延行为，并知道如何去改善。如果你已经迫不及待希望了解如何克服拖延，那就让我们进入后面的学习内容。

接下来将给到大家多种克服拖延的方法，相信至少有一种是适合你的。

· 拖延背后的恐惧

相信我们都体会过拖延带来的坏处。比如，当你还是学生的时候，你有没有发生过明明有时间，却不复习功课，非要拖到考试前才复习的情况呢？公司开放某管理岗位的自荐机会，但你觉得还没准备好（每年都对自己这么说）就放弃自荐，错过机会；想着要给电脑备份，直到某天突然电脑死机，这件事也没来得及做，资料全部丢失；健身计划想了好多年，卡也办了，一年也没去几次；答应别人的事一直没做，别人对你的信任感降低；同事间 AA 吃饭，好几次没及时付款，后面真忘了，发现同事们这几次吃饭也没再叫你；家里水电气账单没及时支付，产生滞纳金；朋友来看望你，想到有个东西要交给他，结果走的时候忘记了，还得再快递给他；一份培训报告，原来可以一气呵成，但拖拖拉拉分成几次完成，前面加起来的时间超了好几倍……既然拖延有那么多坏处，为什么还不行动？因为你害怕这些行动带来的后果。拖延行为产生的原因，正是源于人们内心的各种恐惧。

就拿拖延复习这件事来说，到后面临阵磨枪，结果考得还不错，你会怎么想呢？"嗯，如果当初好好复习了，保不准考第一名也没问题。"但如果你没拖延却仍然考得不好呢？这背后的恐惧是什么？正是害怕别人的评价和态度。

2014 年俞敏洪参加《我是演说家》时说道："大学四年我一次班干部竞选也没参加，我一次恋爱也没谈过，是我不想吗？我也想，但是我害怕。我害怕这个女生说：'你还想追我？真是癞蛤蟆想吃天鹅肉！'如果真是这样，我除了找个地缝钻进去，还能做什么呢？所以错过了大学中本该发生的各种美好。可现在想来是多么可笑的一件事，你怎么知道就没有喜欢你的女生呢？你害怕别人的眼神，所以你不敢去做。当我离开北大时是一个快变成教授的人，到变成一个拎着糨糊桶穿着破军大衣到北大贴广告的人时，内心充满恐惧，这可都是我的学生啊……果不其然，学生走过来说：'俞老师，你在这儿贴广告啊？'我说：'呵呵，是的，我从北大出去自己开了个培训班，自己贴广告。'学生说：'别着急俞老师，我们来帮你贴。'"

也许有些事并没有我们想得那么恐怖，俞敏洪的演说想要我们摆脱的是什么？

除了害怕别人的评价和态度，我们还有其他的恐惧，比如害怕失去现在所拥有的，害怕行动中的困难，害怕无法及时行乐，这些都导致了我们的拖延行为。请在图 2-7 中做好记录。

· 害怕他人的评价和态度

什么是害怕他人的评价和态度？

示例：

"你不是那块料。"

"原来你就这种水平！"

"再努力也做不好的。"

"你不行啊。"

如果你认为自己能力是固定的，那就会更害怕他人的批评，你认为你不会改变，就这样了，你不确定努力的价值，所以你也更想让自己看起来聪明，因为无法变得更好，只有证明现在是正确的，是最好的，这就是僵化型思维。

当你拥有僵化型思维时，你就越来越害怕他人的评价和态度。

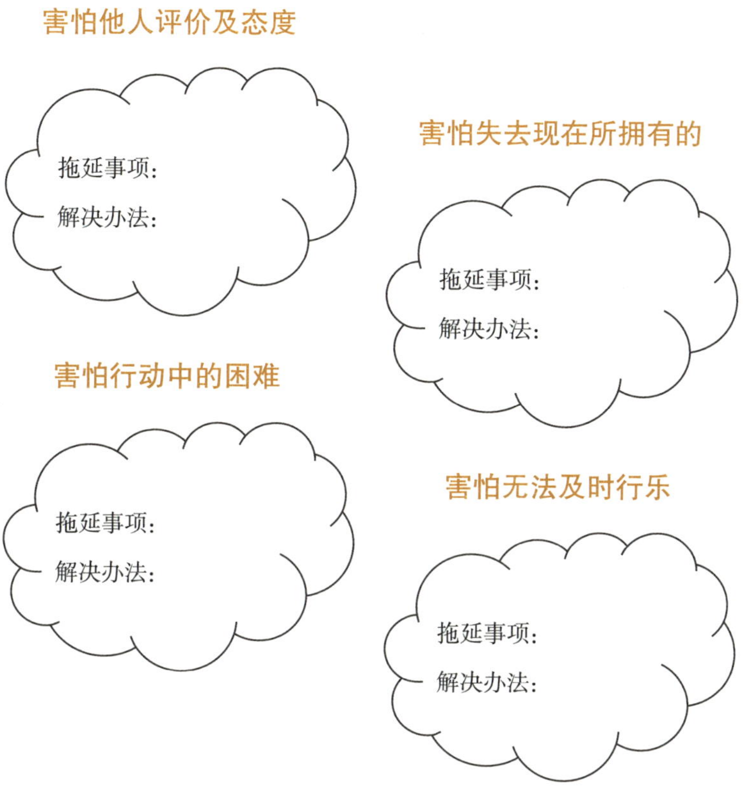

害怕他人评价及态度

拖延事项：

解决办法：

害怕失去现在所拥有的

拖延事项：

解决办法：

害怕行动中的困难

拖延事项：

解决办法：

害怕无法及时行乐

拖延事项：

解决办法：

图 2-7　拖延行为记录

在我的课堂中，总有另外一些学员，他们不害怕展示自己的未知和错误，每次知道自己的不足后，他们都会说："老师，能不能再多讲讲。"为什么这两类人有如此大的差别？当你相信能力是不断发展的，就会想让自己不断去学习，就会愿意接受挑战，相信努力的效果，愿意从批评中学习，因为你相信学习之后会有改变和进步，他人的评价并不重要，因为你会变得更好。

每年培训界都有各种大小比赛，有些入行时间稍长一些的"老讲师"并不会参加这类比赛，虽然比赛并未规定只有新讲师才能参加，他们也知道参加这类比赛对进一步打开知名度和提升自己的培训水平有不少的帮助，但他们也还是不报名，每年这类比赛的组织方都要大费口舌游说一些老讲师参赛以显示比赛的含金量，这当中不乏僵化型思维的人。他们总认为自己足够好，好到再也无法提升的程度，更重要的是他们害怕他人的评价和态度。2018年我报名参赛时，身边也不乏这样的声音，劝我不要参加，因为万一评价差了，会影响自己的培训师生涯，但我觉得每个人都在不断成长，在比赛中成长会更快，于是毅然决然报名参赛，获得了当年上海赛区的冠军。因为我知道，拖延会让我失去很多机会。

·害怕失去现在所拥有的
什么是害怕失去现在所拥有的？
示例：

"抛掉（股票），现在可能就挣不了钱了。"
"创业风险太高了。"
"如果不瞎折腾，可能还好些。"

表面上看，拖延可能还会有不少"好处"。比如，如果做了做不好，反而证明自己没能力（不拖延我肯定能做得更好，所以我是有能力的）；拖到最后一天完成了方案，虽然质量不好，但我认为我是有能力写好的，只是因为时间太短；我不是不想创业，我只是还没有来得及；你让我做我偏不做（不必受他人控制）；拖着不和恋人分手，至少我还没有失去他；记下未交周报的同事名字，拖着不给领导（和同事关系还维护得不错）；吃饱了明天再减肥（可以及时行乐）；这工作明天再做（不用加班完成工作）；房子到期，安排搬家的事，拖到最后一天（不必疲于应对变化）。那怎么能让我们行动起来呢？只有当行动的好处大于拖延的好处时，才能让我们行动起来，所以每次当你想拖延的时候，一定要把行动的好处全部列出来，当你看到行动的好处更大时，自然就会激发你行动起来，实际上认真思考一下，往往行动的好处会更多（如图 2-8 所示）。

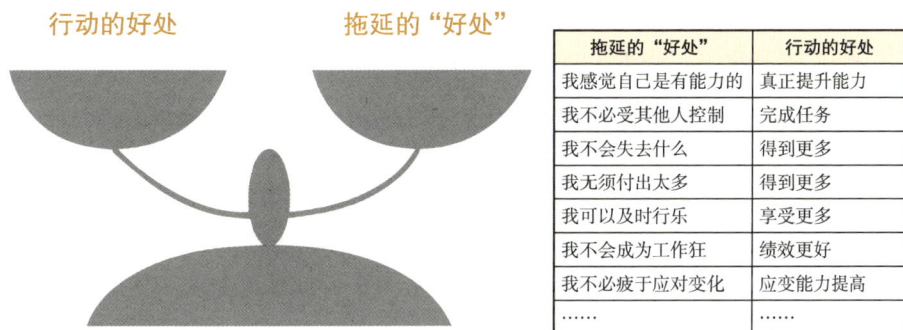

行动的好处　　　　**拖延的"好处"**

拖延的"好处"	行动的好处
我感觉自己是有能力的	真正提升能力
我不必受其他人控制	完成任务
我不会失去什么	得到更多
我无须付出太多	得到更多
我可以及时行乐	享受更多
我不会成为工作狂	绩效更好
我不必疲于应对变化	应变能力提高
……	……

图 2-8　行动与拖延的"好处"

可是，有时候行动的好处并非那么明显。比如开发客户这件事吧，可能一段时间内不一定能提升签单量，那又怎么办呢？那就为你自己设置一些奖励吧，比如这周成功开发了 100 家新客户，完全可以奖励自己出去吃一顿喜欢的大餐。那又有人说了，我就是不喜欢打电话开发客户，我给你的建议是如果你明知道自己肯定不喜欢干的事就干脆拒绝不做，也就是不把它纳入计划，自然也就不会拖延了，这也是一种办法。比如，你可以把这件事交给其他人做或用其他方式来开发客户，并不是只有打陌生电话这一种方式。

・害怕行动中的困难
什么是害怕行动中的困难？

示例：

"这事好有难度。"

"目标太大了一下子完不成。"

"可是我不会做怎么办？"

"想做可是不知从哪里入手。"

现在请您拿出一张纸一支笔，请在纸上画一个圈，但不能封口，现在就行动起来。好了，如果我允许你继续画，你会画什么？很多学员告诉我，他们就想把口封上。你呢？

20世纪20年代德国心理学家B·B·蔡格尼克在一项记忆试验中发现了一个心理现象。她让被试者做22件简单的工作，如写下一首你喜欢的诗，从55倒数到17，把一些颜色和形状不同的珠子按一定的模式用线穿起来，等等。完成每件工作所需要的时间大体相等，一般为几分钟。在这些工作中，只有一半允许做完，另一半在没有做完时就受到阻止。允许做完和不允许做完的工作出现的顺序是随机排列的。做完试验后，在出乎被试者意料的情况下，立刻让他回忆做了22件什么工作。结果是未完成的工作平均可回忆68%，而已完成的工作只能回忆43%。在上述条件下，未完成的工作比已完成的工作保持得好，这种现象就叫蔡格尼克效应。

简单来说，蔡格尼克记忆效应（Zeigarnik effect；又称蔡加尼克效应）是一种记忆效应，指人们对于尚未处理完的事情，比已处理完成的事情印象更加深刻（不完成会让你不舒服），所以我们可以利用该效应帮助我们克服拖延。

几年前，有一部电视连续剧叫《人民的名义》，有培训师的朋友告诉我里面的部分内容可以作为培训案例，所以我特别想抽时间看一看，但一直拖延着。直到有一天，我开始看了，结果四十几集内容只看了两天就全部看完了，为什么？因为看过的朋友肯定知道，追剧这件事，只要追起来，就停不下来。这正是蔡格尼克记效应发挥了作用，只要开始了，就停不下来，直到你完成这件事为止。

当我们害怕行动中的困难时，我们可以牢记下面这个公式来克服拖延：

$$行动力 = \frac{伙伴 \times 方法 \times 迈出第一步}{目标}$$

有一次，我的一个学员来找我，他问："老师，我怎么才能克服拖延？"我问他是哪件事，他说："周游世界。"我先让他从拖延的原因中做选择，他觉得原因是害怕行动中的困难，现在有了这个公式，你觉得他可以从何入手改变呢？应该至少有四种方法：找一个伴儿一起，找更多的方法，迈出第一步，还有减小目标，对吗？我让他先减小目标，他后来把目标改为"周游中国"，可是他仍然没有为此做太多，于是，我让他把目标再变小，他说："两年内游遍上海主要景点。"结果，周末他就开始行动了。

·害怕无法及时行乐

什么是害怕无法及时行乐？

示例：

"走一步算一步。"

"人生苦短。"

......

如何能管住自己？有些人看上去意志力很强，有些人却不好，什么原因？这两类人大脑是否有不同？原来我们的大脑里都住着两个角色，一个是"理性的决策者"，提醒我们做有意义事情的角色，还住着另一位是"及时行乐的猴子"，它喜欢简单而有趣的事，它经常说："让我再玩一会儿。"显然，我们需要战胜的是这只猴子。有一个恐慌的怪兽可以制服这只猴子，这只怪兽叫 ddl（截止日期）。但是总有一些事情是没有截止日期的，比如读一本好书、减肥、健身……那又怎么办呢？有人又出主意了，说要杀死这只猴子，对不起，猴子杀不死也赶不走，因为它和你在一起。又有人说靠意志力压制。你觉得管用吗？现在请打开你左手手掌，掌心向上，千万不要（注意是千万千万不要）去想你的左手手掌上有一只粉红色的大象，千万不要想。请问，刚才你想到了什么？要知道意志力是一种可被消耗的资源，当你用意志力来克服某件事情的时候，是消耗意志力的（会被用完），用完了就需要补充，像肌肉一样通过压制想法来做某事，效果并不好。那到底怎么办？

谁说"理性决策者"和"及时行乐的猴子"间一定没有交集呢（如图 2-9 所示）？我们可以从一件事情中最简单和最有趣的部分开始做，在蔡格尼克效应帮助下，我们就可能一口气把这件事做完。

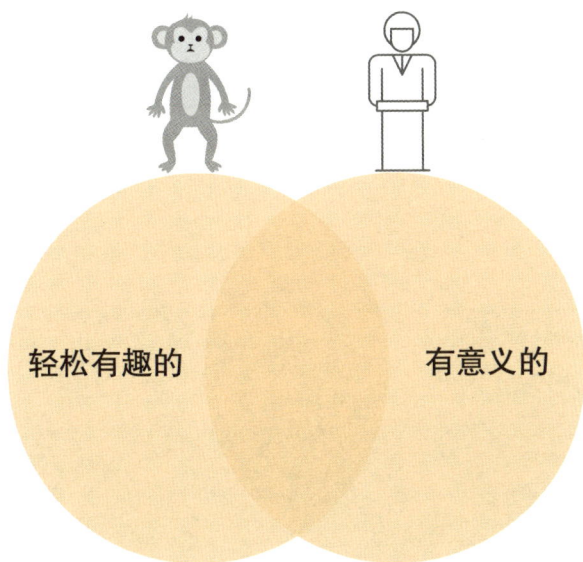

图 2-9 "理性决策者"和"及时行乐的猴子"

小结

好了，让我们来总结一下，克服拖延的方法；拥有成长型思维；看到行动的好处；奖励自己；学会拒绝；找个伴；找到方法；迈出第一步；减小目标；从简单有趣的事情开始做。

让我们赶紧把时间的使用计划做起来，行动中再用以上方法克服我们的拖延，提升我们的效率，帮助我们一步步打造超级销售力。行动起来吧！

第 3 招

做正确的事永远比正确地做事更重要

本招将要给到你一套面对复杂型项目的打单
套路和工具。

本招将要给到你一套面对复杂型项目的打单套路和工具，教会你：如何用一句话清晰描述销售目标，以便不断清晰项目中的未知要素；如何评判项目中的形势，知道何时该主动放弃，何时又该乘胜追击；如何判断客户的四种态度，转化其中不利于销售推进的角色的态度；客户角色的公家利益和个人利益分别有哪些，对项目的影响力大小；最打动不同角色的关注点在哪里，如何提升客户不同角色的支持度；知道不同销售阶段对不同的客户角色做什么动作最有效，提升赢率；如何用好内部资源和应对外部竞争，如何面对对手优势和客户压价……

策略在销售中的重要性

本小节我们首先要区分一下策略和战术的含义。其次，不是所有的销售都需要制定策略，策略适合复杂型销售项目，所以我们要了解什么是复杂型销售项目，最后，我们再来说说策略在销售中的重要性。

要想区分策略和战术，就要把战略也拉进来一并做下比较。很多销售人员没意识到战略对我们业务的影响，所以不仅不关心自己公司的战略，也不关心客户的战略，殊不知，咱们的业务指标就是从公司的战略中分解而来，针对这些业务指标我们需要制定策略，面对复杂型销售项目我们仍然需要制定策略。

战略是方向性的把握，需要各种策略的支持；策略从属于战略，是具体的动作；战术是如何做到这些动作的具体方法。

战略和策略的第一个区别是：战略要看方向，策略要看时机。

其次，战略的目的是要在众多的道路中选对一条，然后走下去；而策略则是面对一个具体的目标，应该从哪些方面进行攻打，最终占领它。

再次，战略是长远而简单的，复杂的不叫战略；策略是短促而复杂的，不短促不足以把握时机，不复杂不足以取得完胜。

战略＋策略＋战术，是从战略到落地执行层面的关键三步。有些时候即便战略不清晰甚至不成熟，良好的战术也会使战略升级。策略是战略的执行，但更是战术前的执行战略。

策略，即策划、谋略。尤其在面临选择时和面临行动前，策划、谋略尤为重要，对战略的成功实施起着决定性的作用。很多时候，凡策略出问题时，我们都去怀疑战略，其实不然，我们应该检讨策略是否正确。将策略提出来研讨，将大家思想集中起来，第一步做什么，第二步做什么，什么时候进去，什么时候出来，什么时候我们可以暂时承担一时之亏损，什么时候改变模式弥补战略下的一时亏损，都需要我们深度思考和谋划。战略是本，策略是纲，战术是目。

战略不常变，策略会时常调整，战术更是千变万化。简单说，策略就是在正确的时间，对正确的人做"正确的事"，战术是"如何正确地做事"。

下面我们来做一个练习，区分一下策略和战术。

小练习

请判断以下哪些属于策略，哪些属于战术？（见附录参考答案②）

A. 现在，是否要见对方决策人？

B. 怎么做才能在下周见到对方决策人？

C. 如何提问？

D.（现在）合适提问吗？

E. 什么时候介绍产品优势？

F. 如何介绍产品优势？

G. 该放弃还是继续？

H. 怎么才能找到说了算的人？

复杂型销售项目

复杂型销售项目最大的一个特点是购买决策是由一定数量的人共同决定的，此外，还具有以下特点：项目金额较大，销售周期较长，涉及角色较多，决策流程复杂。一般，不同行业的"较大""较长""较多"也是不同的，你可以算算自己客户的平均值，根据 80/20 原则，算出占你业绩 80% 的这些 20% 客户的平均值，未来跟单时以优化这些数字为目标，可以比较一下使用本招的方法前后，各项指标是否得到明显优化。复杂型销售项目还有个特点就是"多"对"多"对"多"，三个"多"分别指我们公司参与这个项目的（部门和人）是多人，客户方参与项目的是多人，参与竞争的不止一家。

以下内容是为复杂型销售而准备的。

我曾加入过一个销售协会，会员都是来自同一行业的销售人员，协会不定期会组织一些内部分享活动，相互分享一些打单的心得体会，大家在一起共同成长，我也时常会在协会中做一些分享和点评。当然，因为可能会出现项目竞争，所以在分享时一般不说客户名字。

有一次，在销售复盘分享时，没想到最后发现两名销售人员跟进的是同一家客户。复盘时，两名销售分享了各自的做法（在当时，他们并不知道自己跟进的是同一家客户），最后再次验证赢单的规律和复杂型销售策略是一致的。我们先简称两名销售分别是 A 和 B，客户为 X。

销售 A 对该项目非常自信，因为采购部门和 HR 部门（这是负责未来对接后续服务的部门）的上上下下都对 A 公司的解决方案感到满意。A 甚至和客户公司的 CEO 是校友，他们曾经在一个大型活动中认识，他知道 CEO 也很关注这个项目，在项目中影响力不小。这个单子可以为 A 带来六位数的销售提成，他已经在计划换一辆新车了。

当然，这么大的项目，竞争对手肯定不止 A 所在公司一家，一家品牌知名度和规模都不大的公司也盯上了 X，这家公司的销售正好是 B。A 意识到潜在的竞争，但从 X 公司这些人的总体接受程度情况来看，他感觉自己可以高枕无忧。因为那家小公司无论企业背景还是产品，又或是名气都远不如 A 所在的公司，而且他还得知对方连 CEO 都没见过，他已经遥遥领先。

但 A 不知道的是，那家小公司有个特别的优势，这家公司有很多优秀的销售，这其中就包括 B。这家公司在年初正好参加过我的精英销售训练营项目，他们掌握了一套打单的策略方法，拥有了统一的销售语言，正在不断精进自己的销售流程。他们学会了如何清晰描述销售目标，增强对项目的把控力度，如何判断项目形势，如何识别客户角色和态度，如何应对这些关键人。更关键的是，每次实战辅导的都是他们正在跟进的真实客户，这让很多项目慢慢"起死回生"。

B 销售学习了策略销售后发现，他根本不需要见到 CEO，因为这个项目的决策人并非 CEO，而是另有其人，他正是 X 公司的总经理，而此人特别信任一个第三方顾问公司的 D。B 找到了

D，把 D 发展成为自己的"线人"，了解到两条关键信息，一是决策人是总经理而非 CEO，二是 D 曾是这位总经理信赖的下属，D 对总经理的影响非常大，因为总经理总是向 D 了解最新的专业信息。所以，B 只需要向 D 证明 X 公司最需要是 B 所在公司的产品就好。

最后，B 换了新车。

当 A 所在公司知道煮熟的鸭子也飞掉时，希望找到丢单的真正原因，当他们发现原因是 B 公司的销售接受过我的培训课程后，他们通过培训公司与我取得了联系。现在，他们都是我的客户。

上面案例中的项目正是一个复杂型的销售项目，你是否也曾犯过和 A 同样的错误，在错误的时间将自己的方案给了错误的人，或忽视了销售中的很多信息，正所谓"未知即是风险"，又或者你认为打大单是靠"运气"或"勤奋"？十几年前，江湖中流传过招聘销售的条件是"酒量决定销量"，似乎关系就能搞定一切。试问，如果关系都一样的情况下，拼的是什么呢？搞定一个人就能搞定所有人吗？除了关系，到底还有哪些因素决定了复杂型销售的成功？

学会清晰描述单一销售目标

前面几招里有和大家说过目标管理的一个工具叫 SMART 原则，本小节将在此基础上，带你如何确定项目的销售目标。

目标不明确可能会导致销售的失败。

某年，我在深圳给某一家客户上课，有一个学员叫小丽，给我讲述了一个她的故事。

小丽有一个同事去香港出差，她们两个是闺蜜，正值小丽生日临近，闺蜜给她买了一件生日礼物，这个礼物是香港当年当季最流行的一款上衣。小丽试穿后非常满意，这件衣服特别衬小丽的气质，她也非常喜欢，但有一件事让她有点犯愁，就是这件衣服偏短，偏短的话是配裤装好看还是裙装好看呢？当然是配裙装会好看一点，但是小丽平时都喜欢穿裤子，裙子比较少，因此她决定去商场买一条能够搭配这件上衣的裙子。

到了商场，来到某品牌的橱窗前，她被橱窗内模特身上的服饰所吸引，就停留在那里看，这时候营业员发现了她。营业员走上前问道："小姐，你想买点什么？"小丽说："我想买一条裙子。"营业员上下打量了一下，感觉这位女士气质不错，他们的品牌就是适合这种年龄气质的顾客的，她接着问道："小姐，你做什么工作的呢？"小丽回答："哦，我在金融企业工作。"营业员一听，一阵窃喜，为什么呢？因为金融企业的工资都不低嘛，他们的裙子一般也是要四位数以上，这不正是目标客户嘛。然后营业员继续说道："小姐，你过来看一下，这里有条裙子特别适合你，也是我们今年的新款。"小丽寻着她指的方向看去，然后摇摇头走掉了。请问，这个营业员到底犯了什么错误呢？

后来小丽说："营业员所指的那条裙子真的很漂亮，可是营业员并不知道她为什么要买裙子，闺蜜送的上衣是带圆点的，而这条裙子也是圆点的，颜色还不一样，根本就没有办法配啊！"我们经常说："如果目标不明确，很可能会导致我们销售的失败，如果对客户的理解深度不同，客户对于销售的信任程度也将大不一样。"在一个项目当中准确地去分析这个项目的销售目标，还是非常有必要的吧！复杂型销售项目中对目标的定义就是包含了客户需求和需求背后的动机的，如果连这些信息都描述不出来，何以体现你对这个项目的把控度呢？那不就又回到过去的"拼运气"的年代了吗？

接下来，我们来看看销售目标应该如何确定。

SMART 原则告诉我们，目标必须具备"清晰具体的，可衡量的，可实现的，和大目标相关的，有时限性的"特点。同时，我们在制定销售目标时很容易将 N 个项目搅和在一起，但不同的项目，参与人与时间节点可能都不太一样，需要把不同项目分开确定销售目标，即拆分成"单一销售目标"。比如，我过去接触的人力资源行业，某企业很可能和我们合作招聘＋培训＋测试＋人事外包等不同项目，这是四个单一项目组合成的，大一些的企业的人力资源部可能分为招聘部、培训部、薪酬部等，这几个项目分属于不同的部门来负责，参与项目的人，各项目的时间节点，预算等可能都被分配到人力资源部下的不同子部门的不同人来负责，因此一定要将目标再细分成"单一销售目标"。

兴林科技致力于为电子科技的持续创新提供最优最快的服务，成为世界一流的硬件外包设计服务提供商。兴林科技成立于1999年，为深交所上市企业，公司总部设在深圳，并在广州、宜兴及英国建立了生产运营基地；公司已在北京、上海、武汉、成都、西安设立了分公司，在美国成立了子公司，目前海内外已建立数十个客户服务中心，形成了全球化的营销和技术服务网络，为全球四千多家客户提供优质服务。

2021年第四季度，听说该公司为了支撑公司业务高速发展，计划每年板材采购金额增加至3000万元，并于2022年6月前完成未来长期稳定的供应商选择。据了解，民营背景A公司和外资背景B公司均提供相关产品的解决方案。

根据前期了解的情况，该公司主要有以下人员与此项目有关：

孙总经理、销售部李总、销售部张经理、销售部助理夏青、采购部申总、采购部王经理、财务部马总……

第一段说的是这个客户的规模，还不错吧？这个客户是属于我们的目标客户、潜在客户。假设你就是A公司或者B公司的项目负责人，请你描述一下该项目的单一销售目标，思考三分钟，用笔写下来。

小练习

结合 SMART 原则，对于单一销售目标，我帮大家整理为了三句关键的话：

1. 什么时间完成多少（金额）销售业绩，实现多少利润；

2. 卖给谁（使用者／项目参与者）多少数量的什么产品，帮他实现什么目标。

3. 请不断关注变化，更新你的单一销售目标。

练习请用上面的话术，描述出如下案例的单一销售目标（见附录参考答案③）。

早些年，我刚开始带销售团队，团队共 6 人，每个新人每年的指标是 30 万元，全年的团队指标是 180 万元。有一天，一个销售兴奋地跑过来对我说："领导领导，我在谈一个 200 万元的单子。"200 万元已经超过了我整个团队全年的指标了，我也非常开心。当时，我就马上让他用上面的话术来描述一下这个项目的单一销售目标，发现很多信息都是缺乏的，这个销售说再去和客户确认一下。没过多久，他垂头丧气地跑过来跟我说："领导，目标我要改一下，不是 200 万元是 20 万元。"我说为什么差异这么大？他说，之前客户方的人力资源总监告诉他，他们有 200 万元的预算，后来他仔细问了一下才知道，这个预算当中是包含了招聘培训、人事外包、服务咨询等服务项目的总预算，实际上，跟我们这个部门产品相关的只有 20 万元。

所以，你在制定单一销售目标时，一定要考虑到客户需求和我们提供的产品方案服务是否相关。另外，每一个公司对于"完成"的这个时限性的概念不太一样，有一些公司是服务启动了算完成，有些公司是合同签订了算完成，有些公司款到了才算完成。你要根据自己公司的要求，要在和客户的沟通中不断完善上面的信息，让你的单一销售目标越来越清晰。

为什么单一销售目标的制定对策略制定很重要呢？

销售目标影响了客户方决策的流程与复杂程度，关系到项目的范围、金额大小，也关系到客户购买的历史与经验，如果他曾经买过，客户的决策流程是不是会更快？他认为的风险呢，是不是会相对低一些？单一销售目标也决定了参与的部门与角色。如果金额非常大，一般来说，参与的部门和人数都会更多，如果是在这个部门的预算内的，部门内就可以搞定。单一销售目标还决定了客户方决策流程的复杂度和我方产品、服务和资源的投入度。如果这个项目涉及的金额非常的大，那我方的资源投入可能更多，一个项目的"如果"金额越大利润越高，公司愿意投入的资源也是越多的，前面这个原本以为是 200 万元项目的案例，我当时是愿意把我们团队全年 80% 的销售费用都用到这个客户身上的。单一销售目标也决定了我们的需求满足度和产品匹配度等。

同时，我们还要随时关注变化。有时候我们还要主动去创造变化，比如，在销售过程中，我们的销售目标有没有可能发生变化呢？当然有可能。3000万元的项目说不定过几个月预算缩减了，人员变动了，也可能预算会扩大，或者项目取消了，或者又冒出新的项目，我们要随时关注变化，还要学会适时主动改变单一销售目标。

我们可以通过主动改变销售目标来改变形势和处境。比如，某公司 CEO 跟我们老板是认识的，关系不错，但现在的单一销售目标太小，这个 CEO 还不是这个项目的最终决策者，我们看看能否把项目变大一点，把这个 CEO 拉进来做决策？又比如，这个项目当中一个总监是支持你的竞争对手的，这个总监正好是该项目的最终决策者，你有没有可能把项目变小一点，这样，支持你的经理就变成了决策者，削弱总监在这个项目当中的决策影响力呢？又或者，我们是不是可以先做这个项目当中的一部分？因为如果要把整个项目全部拿下，决策时间太长，夜长梦多。

接下来，需要你不断练习，为每个真实项目写出"单一销售目标"，不断完整每个关键信息，让你的项目越来越清晰。如果方向是错的，那么跑得越快，离目标越远，正所谓"欲速则不达"。

评判项目中的形势

你是否曾遇到过主动找上门的客户？你是如何处理的呢？几乎没有销售会愿意放弃这种主动找上门的客户，但如果我说这当中至少一大半都是在浪费你的时间，你早该放弃，请千万不要诧异。

我曾在一家知名人力资源外企工作过近十年时间，有一段时间，因为业绩表现突出，连续排名全国前列，我得到了接听一个月 Call in 电话的机会。还记得印象特别深刻的一次，打进电话的竟然是某世界 500 强排名前十名的公司的采购部门。原来他们有人事外包项目的需求，项目金额大概是我当年年销售指标的好几倍，采购说非常认可我们公司的品牌，希望我们今年能参与到他们这个项目的竞标中。听到这里我早已欣喜若狂，心想运气不错。虽然一共有三家公司参与，但至少也有 1/3 的机会吧，我一定会努力争取，甚至心里还盘算起了这单能拿多少提成。听到后面，我却感觉有点困惑了，因为他们要求的时间很紧张，四天内就需要提交标书，而且提交的材料也比较复杂。那次是我第一次参与竞标，对流程也不熟悉，隐约中也感觉到他们对服务的要求相当高，似乎很多要求公司未必能做到，所以我大胆提出第二天希望面谈的要求，但是被对方拒绝了，理由是所有需求在标书上已经

明确列出，他们也没有时间了，需要尽快选出供应商，开始运行
这个项目。请问，如果请你现在给这个单子的形势打个分数，0-100
分，你打多少分呢？这个单子要不要接？

销售们都长着一双"快乐的眼睛和耳朵"。什么意思呢？很多时候我们
只看到我们愿意看到的，听到我们愿意听到的，容易忽视掉那些对我们不利
的因素，容易高估项目的形势，因为人们都有"选择性知觉"。

如图 3-1 所示，如果我们把项目的形势比喻成一只温度计的话，从 0-100
将产生 10 种不同的感受，你需要在每个销售阶段不断觉察这个温度计上的温
度值，记得及时给自己"量体温"。

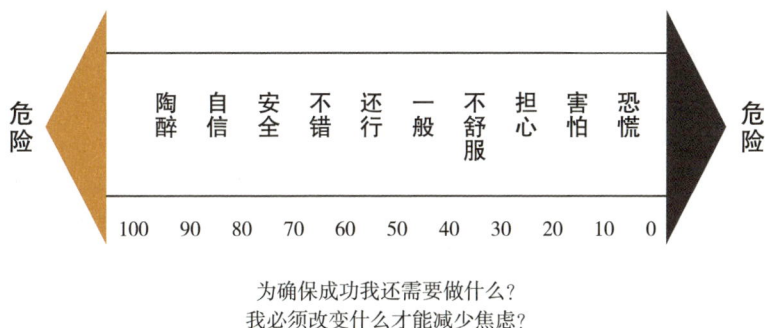

为确保成功我还需要做什么？
我必须改变什么才能减少焦虑？

图 3-1　项目形势"温度计"

你需要做到诚实面对"温度"的感觉，不要欺骗自己，同时，也要特别
关注接近 100 的形势，因为那可能也是危险的开始，如果感觉太好，你可能
倾向于接下来什么都不做，这正是你危险的开始。最后，我仍要强调"变化"，
关注变化是我们在面对复杂型项目时时刻要关注的。

我画了两张图（如图 3-2、图 3-3 所示）来表示项目形势的分数与销售

阶段和竞争形势是如何联系的。

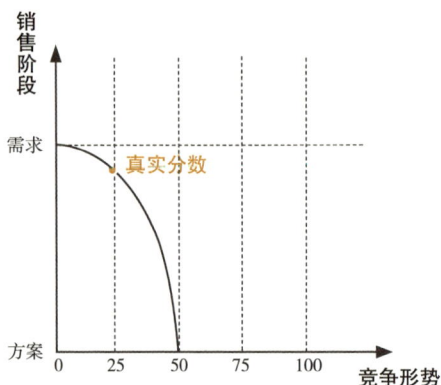

图 3-2　项目前期形势分数　　　　图 3-3　项目后期形势分数

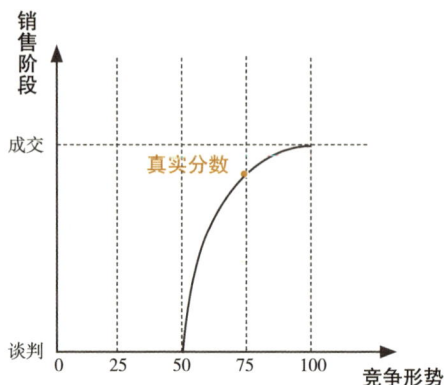

　　假设你在竞争中形势不利（低于 50 分），在销售阶段的初期分数差不多就是 50 分，随着项目往后推进，越靠近成交实际分数越低；相反，如果你是高于 50 分的，越靠近成交真实分数就越靠近 100 分（如点所示），这也告诉我们竞争优势将在项目后期被不断放大。项目初期的暂时落后不可怕，因为你完全可以靠调整策略追上来。如果你领先，你的优势也并不稳定，但到了项目后期，给你操作的空间和时间都不大了，竞争优势的建立越早越好，并需要不断巩固。

　　电视剧《潜伏》中有一句话是这么说的：有一种胜利叫撤退，有一种失败叫占领。当一个项目到了后期，你还处于绝对的劣势，你的温度计只有不到 20 分，那该放弃的还是放弃吧，你从来不会失去还没得到的东西，就像我上面的这个案例，其实这个项目已经到了客户的销售后期，我极可能就是一个备胎，我的成交可能性连 10% 都不到，该放弃时必须懂得放弃。对你来说，销售资源是稀缺的，所有的销售资源中，时间是最宝贵的，你放弃了本不该

属于你的项目，把精力放在那些可以攻下来的单子上，你的精力回报率才是
最高的。

如何争取不同角色客户的支持

复杂型项目之所以复杂，最关键的要素就是因为"人"多，这个"人"是指参与项目决策的影响者。这些人只要存在于项目决策过程中，就一定会在某个时候发挥他应有的作用，哪怕是一个小小的前台有时都忽视不得。

记得有一次，我和一位客服部的同事一起去拜访一家客户。到了客户公司前台，前台询问过之后，就拿起电话打给客户，但电话一直无人接听，后来客户的同事接了电话，说客户临时有个重要会议，可能被老板紧急叫到会议室了，于是前台安排我们在大堂的沙发先坐下等客户。等了一会儿，见客户还没来，我就起身去洗手间。没想到就在我离开的间隙，我同事接了一个电话，对方前台可能嫌我同事比较吵，两个人为这件竟然吵了起来。正在我准备道歉先平息这件事的时候，客户正好从里面走出来，四目相对，面面相觑，大家都比较尴尬。后来谈得还算比较顺利，但我们得知这个前台也兼了人事部的一些工作，这个项目正好是她来做前期供应商资料的筛选和整理，最关键的是她竟然还是人事总监的亲戚，如果她往竞争对手的优势里多写几句或强调几点我们的不足，对项目或多或少会不会有一些影响？如果她给竞争对手当了"线人"，是不是我们也会比较麻烦呢？所以，项目中任何人都不得轻视，在客户处要体现出职业风范，赢得客户的良好印象非常重要，哪怕他不是项目中的参与者，旁人的一句话说不定也能改变客户对你的信任度。

无论项目中参与者有多少人，客户角色却始终只有 3+1 种（如图 3-4 所示），这就需要我们为识别客户角色寻找简化的工具。为什么称为"3+1"种角色呢？因为前三种肯定存在于一个项目中的，最后一种角色是发展了才有，不发展就没有的。根据新战略营销之父米勒·黑曼的研究，一个项目中一定会有如下角色，第一个角色是最终决策者（Economic Buying Influence，简称 EB），毫无疑问，在项目中影响力最大的一般就是此人，但大部分情况，这个角色在项目初期的参与度是不高的，初期影响力不大，后面慢慢变高；第二个角色是应用选型者（也称为产品使用者，User Buying Influence，简称 UB），这是使用产品的人，也许只有这个人才能完全说清楚他要的究竟是什么，他对需求是最了解的，同时他也对使用后的效果做评估；第三个角色是技术选型者（也称为标准把关者，Technical Buying Influence，简称 TB），他们手里掌握着采购的标准，对他们来说只要满足标准就可以，其他因素不是他们考虑的主要因素，比如，你说你能更高标准的产品满足需求，但价格会更高，往往会遭到这个角色的反对或抵制；最后一个是不发展就没有，发展了才有的"Coach"（一般称为"销售教练"），会根据作用的大小分为几个级别。Coach 和"线人"不完全等同，销售一般会认为前台、扫地阿姨、看门大爷都可能成为"线人"，但他们只是 Coach 级别中最低的，因为他们无法在后期帮销售做评估、给予建议或指导。一个大客户项目，以上四种角色缺一不可，缺少任何一个角色就是风险，未知比已知更可怕。

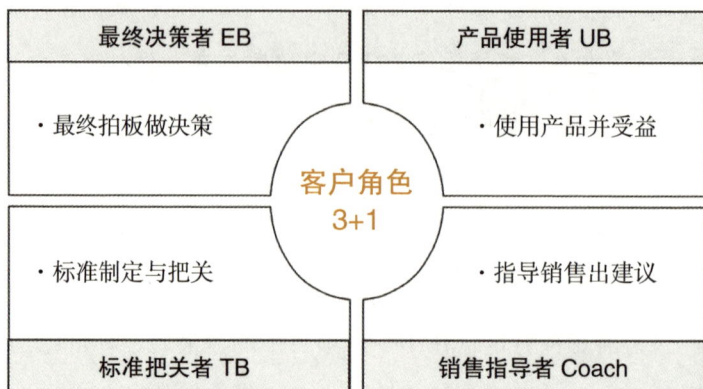

图 3-4　客户 3+1 种角色

　　刚在企业带团队的时候，我每周要开周会，和销售们一起回顾本周销售进展，对一些比较重要的客户，大家共同来探讨下一步的行动计划。记得有一次，有个销售汇报了一个项目，说他见到了对方的人事经理，对项目方案非常认可，已经快进展到谈判阶段了，正好下一个销售单—销售目标也是差不多的情况，只是后面这名销售见到了人事总监，你感觉哪个项目把握更大呢？大家当时都觉得后面这个项目把握更大，毕竟见到的人的级别比前面的要高。结果呢？前面那名销售签单了，后面的丢了单。原因是什么？原来前面是一家外企，这事由这位人事经理说了算，他是最终决策者 EB。后面是一家民企，总监说了也不算，老板最后拍板，老板后来说这个项目不急，把钱挪到其他地方了。后来，我学习了米勒·黑曼研究的这套体系，赶紧将客户角色的概念引入团队，再开周会时，全部以角色代替客户职位，因为职位很容易迷惑人，而角色只要判断正确，影响力自然就出来了，对后面制定策略帮助非常大。

　　这 3+1 种角色如何来区分和判断呢？只要判断正确，后面的应对就有规律可循了，你就可以知道如何击中他的认知和期望，如何让对方支持你。

最终决策者 EB，一个项目中只有一个，拥有资金的使用权和审批权，但未必有资金的所有权，做决定后，不需要再请示其他任何人，哪怕是董事会也有董事长吧，原则上一定有那个他说"行"就行，他说"不行"就不行的人存在，他关注的是投资回报率，所以要获得他们的支持，不要说"价格不是问题"，这打动不了他们，他们在意的是投资回报和对组织发展的影响。

标准把关者 TB，负责把关供应商的筛选，通常有多人。他没有最终审批权，但他通常认为他有。他可以否决供应商，但无法决定就选你了，所以他是"说你行你不一定行，说你不行你一定不行"，他关注在其专业选择标准内你是否满足项目特定的要求。

产品使用者 UB，通常是多人，购买后会使用你的产品或服务，你的产品方案直接影响到对方后续的工作。他关注合作后对他工作和绩效的影响，所以特别关注未来的工作方式和内容会有哪些改变，应该没人希望自己工作变得更繁重，更复杂吧？所以，他们也是希望未来工作能更轻松，更简单，能帮助提升绩效，最好不要加班。

销售教练 Coach，销售的指导者与引路人，至少要发展一名 Coach，最好能发展 2-3 名，因为他们可以提供真实和有效的信息（低层级），反馈和评估关键人的态度（中层级），评估你策略和计划的合理性并提出建议（高层级），他们关注的是怎么双赢，他希望你能获得订单，而他的朋友或公司也因和你合作而获益，这一切源于信任，有时不需要任何回报。

去年，我和家人买空调的经历，体现了判断客户角色的重要性。

5月刚到，我妈怕热，提前开了空调，结果发现空调坏了，因为使用年数比较长了，想着就干脆换一台吧。她第一时间联系了我老公，之所以想到我老公，是因为老公曾有小家电工作经历，选电器比较专业。老公想拍丈母娘马屁，于是说："妈，这钱我们来出！网上给您直接买一台送家里得了。"谁知我妈不同意，妈希望根据自己喜好，亲自到店里选购，并约定周末一家四口一起去一趟。看得到，摸得着，她感觉实在。我妈将功能要求和预算告诉了我老公，老公根据经验确定了几个品牌。这空调平时主要是我爸妈使用，特别是我爸负责"开、关"，家里所有家电都归他管，而我爸呢，自然，归我妈管。

就这样，周末一家四口去了家电卖场，进去后就直奔主题。我们先到了A品牌，营业员一见我们买空调就滔滔不绝介绍起来，特别是见我老公带头而来，以为是他买空调，没怎么理会我们其余三人。老公在了解了具体功能后感觉部分功能达不到老妈之前的要求，跟我们说："到下一家再看看吧。"老公最专业，他说不行肯定不行，我们自然听他的。

于是，我们又来到了B品牌。营业员非常热情，跟我们四个人一一点头微笑，在询问我们的预算后，跟我们介绍起预算内的产品，老公感觉其中一款是OK的，谁知我妈就说了一个字"走"。后来才知道，我妈对机器外观不满意。

接着，我们来到C品牌。营业员挺会察言观色，招呼我们一行四人坐下，询问起我们对空调的要求和有没有比较中意的款式。根据我们的需求，她介绍了两款最适合的机型，这时我突然发现其中一款和我上周到同事新家参观时看到的特别相似，当时我们都感觉她家的那款空调制冷效果特别好，静音效果也不错。我在微信上把照片发给同事看，同事确认了就是同一款。我爸呢，对后续如何使用操作最感兴趣，他一直在问营业员有关如何调节温度、模式的问题，他希望操作越简单越好。听到营业员的回复，他也感觉比较满意。我们三个最后对其中一款达成了购买的共识，但问题又出来了，预算超了！这时，我们三人的目光齐刷刷看向我妈，我妈管钱，只有她说"行"才是真的行，谁让钱在她手里啊！妈终于发话了："看到现在真是这款最满意，虽然预算超了，但是增加了一些功能，变频，还省电静音，我觉得行，你们觉得呢？"老妈都觉得 OK 了，我们自然没什么意见了，就这样买下了这台空调。

小练习

你发现了吗，整个购买过程中，我们四个人谁没起作用？都有影响力！虽然最终我妈说了算，但是只要我们其中一个人提了反对意见，有没有可能影响到最后的结果呢？我们四个人的角色分别是什么（见附录参考答案④）？

我们再来分析一下三位营业员。A 营业员在角色判断上犯了什么错呢？她对客户的角色覆盖不够全面，只关注到某个人，而忽视了其他影响者对项目的影响力。同时，你也发现我老公这个角色拥有什么特点？他说不行，为什么我们就听他的走了呢？因为 TB 说你不行，你肯定不行。在 B 营业员这里，我老公觉得 OK，最后买了吗？为什么没买？因为钱在谁手里谁就是最终决策者，最终决策者如果 Say No，那就是"行也不行"。为什么第三个营业员成功了呢？她一开始角色覆盖就很完善，并满足了不同角色的不同需求。在销售过程中，角色不同，应对方式不同，所以"识别关键人"是不是显得特别重要呢？

客户角色对号入座后，我们就知道该如何制定策略了。比如，如果你的项目中发现缺少了某个角色，怎么办？说明你一定忽视了项目中的一些人，你要想办法找到缺少的这个角色背后对应的人。和最终决策者 EB、标准把关者 TB、产品使用者 UB 打交道，各有挑战点。

面对最终决策者 EB，你会有哪些挑战？比如，不知道是谁，他总说很忙，没时间见你，不知道他的想法，容易被阻挡，见面时有压力等。

先解决"不知道是谁的问题"。这里，给你三个方法。

方法一，可直接询问，但要注意话术，当然不能问诸如："这件事是你说了算吗？"你可以问："不知道咱们这个方案还要报哪些部门的哪些人审批呢？"又或者："咱们公司接下来的流程是怎样的呢？"

方法二，可以问你的"线人"。

方法三，根据经验推测，然后再验证。

接下来再解决"被阻挡"的问题。如果一直有人阻挡你，你觉得会是什么原因呢？很可能你没赢得这个阻挡者本人的信任，你没有让他感觉到你的产品真的能帮他们解决问题或者你是最适合的，你让他感觉把你引荐过去不仅不能赢得老板对他的信任，甚至还可能有风险，你觉得他会引荐你吗？又或者，你让一个专员引荐你见 CEO，估计他也没那能耐，越级太多，这种引荐也是需要有支撑的，比较可行的是让专员引荐主管，让主管引荐经理，经理引荐到总监，总监引荐到老板。

最后，来解决"压力"这件事。一般最终决策者都位高权重，给你的时间不多，那你如何利用有限的时间接近 EB，争取支持呢？首先，千万别问"小白"的问题，也不要尝试刻意套近乎，他们见多识广，你的那些小伎俩完全没用。如果对方是大客户，建议提前做些功课，比如到客户官网上了解一些最近对方公司发生的大事，通常对企业的大事高层也是比较关注的，这会显得你非常在意客户，关心和了解他们；提问关于企业最近发生的大事，高层也容易接上，另外，这和你们未来的合作说不定也有关系，也可以多请教高层，以此赢得高层的信任。

面对标准把关者 TB，你会有哪些挑战？比如，看似比较专业，其实是不懂装懂，总谈不到正题上，经常感觉无法沟通，不通人情，认死理，对业务方案不感兴趣，对价格最敏感……其实，TB 只有说 No 的权力，但是他们中的很多人却认为自己拥有了决策权，这导致他们反而成为我们最难应对的角色。他们既不像使用者 UB 对需求非常清晰，也知道需求背后的原因，只要你能帮助他们实现目标，在改动需求时反而比较好沟通，也不像最终决策者 EB 说行肯定行，而且 TB 往往最不喜欢对方质疑其专业性，所以对于销售而言就要突破自身的心魔，去尊重 TB，不要企图说服他的观点，更多时候可以通过其他角色来影响他，否则他可能直接让你出局。

曾有一个项目，供应商的负责人是总经理的同学，总经理让我们几位部门总监考核供应商，本来那次方案呈现我们都觉得这位负责人公司的综合实力还不错，但在临走前这位负责人问了一个我们暂时无法确定的问题，看到我们无法回答，他笑了笑说："算了，反正你们也说了不算，我还是直接问你们老总吧。"他前脚刚走，后脚某部门的总监就说："你们给他打几分？我打 3 分。"本来好好的机会，就因为对 TB 的不尊重，悄悄溜走了。

面对产品使用者 UB，你会有哪些挑战？

1. 不太想改变。

2. 什么都想要。

3. 担心使用麻烦。

4. 爱抠细节。

5. 喜欢说："我们跟别人不一样。"

6. 不放心。

7. 反复确认……

我们首先要理解 UB 的感受。我们自己买东西是不是也有很多期望，也是希望面面俱到，其实我们心里明白，满足我们全部需求的产品要么不存在，要么超出预算。有时我们不也在寻求一种"被理解"的感觉吗？有时，UB 自己对需求都不明确，这时就需要我们能给他们一些专业的意见或建议，这会让对方感觉我们专业可依赖，所有企业购买行为的背后都是因为有需求，而需求的提出者往往是这些使用者，他们是需求的创造者和使用产品后的效果的评价者，你能说他们不重要吗？千万不要因为看到他们有时不在最终的决策圈内，就轻视他们，是否能得到持续购买的关键也往往掌握在他们手里。

面对销售教练 Coach，你会有哪些挑战？首先要能辨别哪些是真的教练，哪些不是。比如，你的"狐朋狗友"们喜欢你，却未必一定是你的 Coach，因为他不愿帮你推进项目；有些客户提供给你很多信息，又或者拼命推广项目，如果他们对别人也是这样，如果他们只是推广项目而非推荐你做这个项目，这些都可能是假 Coach。真正的 Coach 是真心希望"你"来做这个项目，给你独特且有用的信息。面对 Coach，希望你不要把他们暴露在阳光下，知道他们的人越少越好，不要老让他帮你出头，这样也会降低他对你的信任值，他会怀疑你是否有能力真正做好这个项目。另外别忘记，Coach 这个角色有点特殊，它不像另三种角色是肯定存在于复杂型销售项目中的，它的特点是你发展了才有，不发展就没有的，而在多人决策的项目中，客户是背对你做决策的，没有 Coach 提供一些信息，你很难单凭感觉和运气把项目拿下。

本小节给大家介绍了 3+1 种客户角色，并介绍了如何面对这四类角色的挑战，如何应对这四类角色，最后给大家出两道练习题。

小练习

练习一：请根据目前正在跟进的项目，完成如图所示的销售项目决策影响人图，请尽量将所有影响人加入进来。

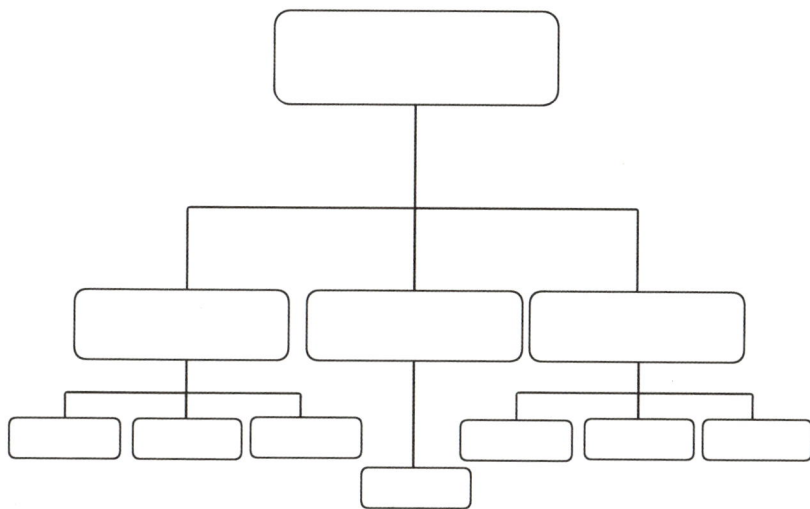

客户项目决策组织架构图

小 练 习

练习二：请根据目前正在跟进的项目，完成如表所示的客户角色判断，并制定下一步的行动计划。

客户角色判断和下一步计划表

姓名及职务	角色（EB/UB/TB/Coach）	行动目标	行动计划

客户四种态度及应对

多年前，我曾看过一部非常热门的电视连续剧叫《人民的名义》，还记得电视剧开篇，某部委项目审核处处长赵德汉贪污上亿，把钱全部放在家里却未消费一分的震撼开场吗？乍一看，映入眼帘的是赵德汉在一个几十平方米的小房子里吃着清汤面就着蒜瓣，形成鲜明对比的却是满墙的人民币，他说："祖辈都是农民，穷怕了。"再想想剧中的陈海、侯亮平、李达康、高育良等人，对待名、利、地位的态度一样吗？

在销售中，我们将面对不同部门不同的人，他们对待项目，对待你的销售方案，他们的想法一样吗？我们可能遇到 A 部门的 UB 说："你来得真是时候，我现在正好遇到了问题。"B 部门的 TB 却说："我们不需要。"想把你打发走，C 部门的 TB 说："现在其实也不错，我无所谓。"这些不一样的背后就是源于客户态度的差异。什么样的态度是有利于达成销售的？什么样的态度不利于达成销售，我们又如何把它们转化为有利销售的态度呢？什么样的态度很难改变，我们要么放弃，要么只能等待呢？这一节，将为大家解答以上困惑。

客户态度，是指客户对于这个项目，特别是针对你的销售解决方案带来的变化的感受和评价。在 B2B 销售中，没有公司"整体的看法"，只有"个人的看法"，所以精英销售是会把所有决策影响者的观点都考虑在内的。

客户对项目的态度分为四种（如图 3-5 所示）。

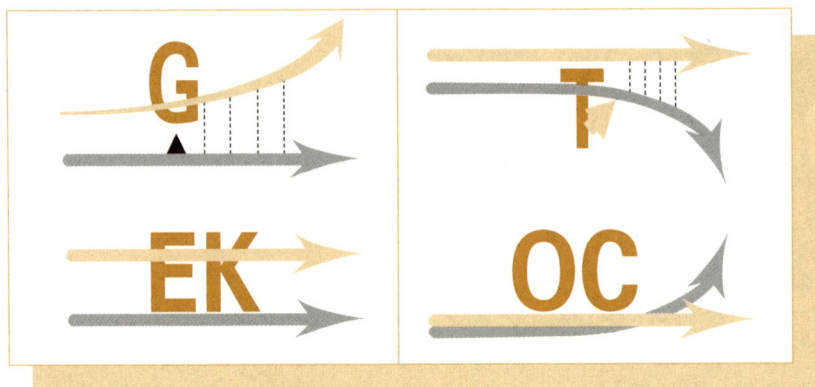

图 3-5　客户的四种态度（橙线代表期望，灰线代表现状）

第一种叫 Grow 模式，中文称之为"望更好"。如果我们用线来分别代表"对现状的感受"和"对未来的期望"，我们发现这种"望更好"的态度是现状平平，但对未来的期望更高，希望自己变更好，未来和现状之间有 Gap，因而这种态度是有利于销售项目推进的。心理学家研究发现，驱使人们做行为改变的动力只有两个，一个是趋利，一个是避害。"望更好"就是趋利，下面说的第二种态度就是"避害"了。

第二种叫 Trouble 模式，中文称之为"遇麻烦"。现状在某个时间点突然急转直下，说明出现了问题，虽然客户的期望平平，由于现状出了问题，期望和现状间也出现了 Gap，因此这种态度也是有利于销售项目往前推进的。

有一次，我到外地培训，到达酒店已是晚上 11 点，入睡前在收拾第二天的衣服时，刚剪完指甲的手一不小心把第二天要穿的丝袜钩坏了。这下麻烦了，因为走得匆忙，随身只带了一双丝袜和一套套裙，第二天给学员培训的主题是《商务礼仪》，主讲这个课程首先自己得先符合商务礼仪的标准。商务礼仪规定着裙装是必须要穿丝袜的，怎么办呢？本来，我根本没有要买丝袜的需求，但是当下我遇到了麻烦，我的需求被激发出来了。如果往常买丝袜，我的第一选择就是某宝，因为某宝某家店的丝袜性价比特别高，而且我只要手指轻轻一点，货物直接送到家。可是现在呢？再便利再便宜、丝袜再美也没用了，因为时间来不及了！怎么办？当下最可行的办法就是第二天起早，我到附近买一双丝袜，质量好不好、价格多少已经不再重要，只要能马上解决我的问题，让我顺利上完课就行。

处在"遇麻烦"状态的客户，会让他对价格敏感度下降，也不会太在意产品的适用度，技术的先进性，能满足最低要求，马上解决问题，这才是这类客户最关注的，要打动这类客户不用把功能吹得天花乱坠，当下客户最关注的就是谁能最快解决我的问题。

记得几年前的某天晚上，家里的水龙头突然漏水，一看时间，已经是晚上9点，离家最近的需要5分钟车程的一家建材卖场还有半小时就要关门。因为第二天我和老公都要出差，家里只剩下老人和孩子，所以无论如何我们也希望当天晚上把问题解决好。于是，我和老公用最快的速度冲到卖场，直接找到卖水龙头的地方，看到一个能用的就赶紧买了。根本不会像往常那样比比价，看看质量差异和听听促销员的讲解。

第三种叫 Even Keel 平衡模式，中文称之为"无所谓"。现状和期望没有差距，对方就处于"平衡"的状态，但实际上这种平衡的背后是希望改变还是不希望呢？"变化"就意味着未知和风险，所以这类态度更趋向于不变！

他不关心你的方案和他现状的区别，因为他没动力改变。这种态度的客户很明显是不利于我们推进项目的，那如何去改变他们的态度呢？

"无所谓"是有可能转变为"望更好"或"遇麻烦"的，我们来看看他们在曲线上的差别。如果我们想把"无所谓"变成"望更好"，我们更应该关注现状还是期望呢（如图3-6所示）？这两种态度的现状是一样的，所以我们需要改变 EK 对未来的期望。如何提升 EK 的人的期望值呢？我们可以这样说："我们曾服务过咱们同行业的某某客户，他们使用我们产品后发生了某某变化，不知道您觉得如何？"让他意识到他的目标可能定得太低了，或者你可以分析如果不改变可能会导致什么后果，你可以告诉对方："我能帮你把这种良好的发展势头保持下去。"又或者利用项目中的其他影响者来影响他。

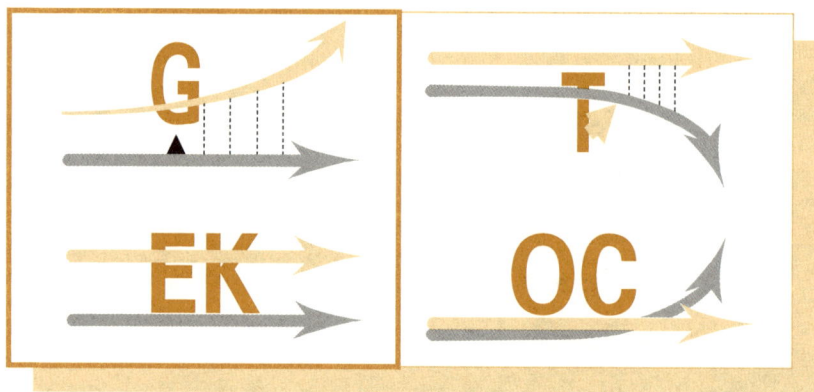

图 3-6　EK 变成 G

如图3-7所示，如果要把 EK 变成 T，我们需要更关注哪根线的变化呢？它们的期望是一样的，我们要更关注现状。可能 EK 对现状感觉太良好了，有可能是还未发现已经存在的问题。所以，你可以这样跟他说："我最近在谈一些咱们行业的客户，他们跟我说他们目前都遇到了某某问题，不知道这些问题咱们是否也遇到过？"老总一听，就算不当场拍大腿，估计也会多少有一些同感。一旦变成 T 模式，两种线有了差距，客户的态度就会引导他想去改变。

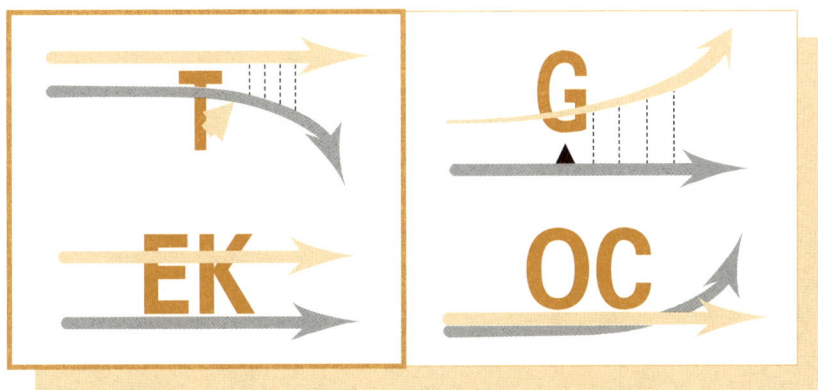

图 3-7　EK 变成 T

第四种叫 Over Confident 自负模式，中文称之为"不需要"。现状甚至超越期望，客户觉得当下太完美了，如果谁要他改变，他可能跟谁急，他不允许任何人破坏他现状的美好。试想，你参加一场演讲比赛，原本只想获得班级前三，没想到一下子获得了市里第一名，这时有人希望你参加他们的演讲培训班，你去吗？你可能会想，我已经这么厉害了，我辅导你的学员还差不多！但客户可能没意识到：真实情况并非如此乐观。这类客户往往对你的方案视而不见，甚至抵制你所说的"现实"，因为没人喜欢"带来坏消息的人"，我们要有耐心等待他们发现"事实"，也需要给这类客户一些释放"自负"的机会，建立信任，拉近关系，适当 PMP（拍马屁），等待时机，或者先放弃这类客户，把更多精力投入到 G 或 T 的客户身上，或想办法转变 EK，可能对我们来说精力回报率会更高。

我有个闺蜜，结婚多年，一家五口仍住在一套80平方米的老公房里。一天，她老公突然对她说："老婆，同事小李刚买了一套大平层，前两天他请我们去他新家玩，我看了还真不错。我也想改善一下我们的居住环境，提升一下咱们的生活水平，你觉得如何？"闺蜜说："老公，不瞒你说，我也有这个想法。自从孩子出生，家里东西是越来越多，放都放不下了，咱们一家五口上厕所都要排队，晚上给孩子洗澡也耽误了爸妈休息……如果你不说，我也想跟你提这件事呢。"看来夫妻两人对换房达成了共识，于是他们又去问家里老人的想法，孩子奶奶说："我们无所谓，你们去哪儿我们就去哪儿。"看来老人对现状没啥大的不满意，对未来也没有过高的要求。于是，他们又去问孩子。你猜孩子是什么态度呢？"爸爸妈妈，为什么要搬家？"孩子一脸不开心，"小区里有我好多好朋友呢，不搬家不搬家嘛。"说完，就伤心大哭了起来，这夫妻两人为了让孩子开开心心换新家，可做了好久的思想工作呢！

小练习

就搬家这件事，是否发现家里几位的态度不尽相同？你来判断一下刚才这四人的态度分别是什么呢？（见附录参考答案⑤）

擅于觉察客户态度，转变不利于有利，在成为精英销售的路上又迈进了一步。

为了方便你记忆，送你四句话：G 和 T 易销售；EK 须转 G 和 T；OC 需要 PMP；实在不行就放弃。

客户支持度与决策影响力

　　除了确定客户角色和态度外，我们还需要量化客户的支持度，这个支持度不是指客户对你或对你公司的，而是指客户对你的方案的支持度。如表 3-1 中列出 −5 ～ +5 分的打分标准。

表 3-1　支持度打分标准

支持度	打分标准 / 分	支持度	打分标准 / 分
热烈拥护	+5	强烈支持	+4
支持	+3	有兴趣	+2
同意提议	+2	可能不反对	−1
不感兴趣	−2	反对	−3
强烈反对	−4	顽固抵制	−5

　　你会发现支持度中没有"0"，为什么？任何人对一件事情都不会没有任何意见和想法，比如我想请你吃饭，我问你："你想吃点啥？"结果你回答我："随便吧。"然后我真的以为你随便什么都好，于是我说："那就吃西餐吧，有一家西餐店……"话音未落，你就打断了我："西餐？有点太装了吧，而且都是牛排啥的，太单调了点。""好吧，那咱们改吃川菜？""川菜又麻又辣有啥好吃的？"好吧，看来还得改，所以我们对一件事不会没有任何想法和倾向度的，因此支持度是没有"0"这个数字。

客户态度加上支持度后，我们就可以相互验证两者判断的准确度。比如，客户是 OC 状态，支持度你写的 +3 分，或者 EK 标 +3 分，Coach 标 +3 分以下，那说明你的判断可能有偏差。如果是 OC、EK 一般达不到 +3 分支持度；Coach 达不到 +3 分以上，可能就不是真 Coach，给这种不一致标上警示符号"△"，这说明真实情况可能还未知，所有的"未知"，包括态度中的 EK、OC，支持度中的 –2 分及以下的分数都要被标上警示符号，提醒自己要关注。

决策影响者都有影响力，影响力大小在不同销售阶段可能会有变化，那么，它们又受哪几个因素影响呢？

1. 与职级相关。原则上，职级越高影响力越大。

2. 与专业相关。原则上，专业度越高影响力越大。

3. 与资历相关。每家公司都可能有那些职级不高，但在公司时间久的"老人"，别轻视他们在项目中的影响力。

4. 与参与度有关。原则上，其他条件不变，参与度越高影响力越大。

小练习

练习一：请根据自己正在跟进的客户，检验对客户角色、态度、支持度、影响力的判断。

· 我是否找到这个项目中的所有决策影响者？

· 我是否与他们每个人进行了接触？

小 练 习

练习二：请根据自己正在跟进的客户，完整填写下表，标出项目中的警示符号。

请标出项目中的警示符号

	职位	影响力	态度	支持度 / 分	警示符号
EB	A 客户 X 部李总	H	G	+1	
UB	A 客户 Y 部王主管	L	EK	−1	△
	A 客户 Y 部赵专员	H	G	+2	
TB	A 客户 Z 部孙经理	M	T	−2	△
	A 客户 Z 部周主管	H	OC	−3	△
Coach	A 客户 X 部张助理	H	T	+4	
	外部顾问钱小姐	M	G	+2	△

公家利益和个人利益对项目的影响

公家利益和个人利益是让客户在项目中获得双赢的两个方面，精英销售如果两个方面都做到，方能真正影响客户，快速拿下订单。如表 3-2 所示中列出了公家利益和个人利益的特点。

表 3-2　公家利益和个人利益的特点

公家利益	个人利益
1. 产品对企业的收益 2. 产品能满足该客户角色实现有形的、可衡量的、可量化的收益 3. 公司化的或部门化的，偏整体的	1. 产品对个人的收益 2. 产品能满足该个人实现无形的、可衡量的、可量化的收益 3. 个体的

大概十几年前，有一个销售项目我至今印象深刻。我们提供的服务可以帮助企业提升人力资源部门的工作效率。当时，人力资源部在操作员工社保时必须到柜面操作，那些劳动密集型企业特别是在每月社保关账前，往往在处理社保这一件事上，一个人根本忙不过来。我所在企业提供的人事外包服务，就是让客户将这种简单的、重复性的事务性工作外包给我们公司，特别是当时公司自行研发的一套系统可以与客户系统对接，实现操作时每月变更人员直接通过系统对接，这几乎可实现零差错操作，仅这一

点足以成为客户选择我们的理由。和竞争对手相比，我们的服务可以大大提升员工满意度，降低出错率，大幅提升人力资源部的工作效率，让他们可以将个人价值体现在对企业绩效帮助更大的方面，从而提升人力资源部在企业的地位。

我通过公司内部系统找到某知名外企的电话，因为是公司在招聘业务上已经合作的客户，所以比较容易地转接到了人力资源薪酬部门，接电话的竟还是一位薪酬主管。说明来意后，主管感觉我们的服务比他们目前的供应商有优势，特别是在几近零差错这点上。现有供应商每月人工导入员工清单，时不时出现的漏缴和错缴社保情况，导致员工无法办理公积金贷款或享受医保报销，频频收到员工投诉，有几次因为是高管投诉，还引起了老板的关注。于是，这位主管主动约我见面，我也感觉这个客户有痛点，属于高潜客户。在登门拜访后，我给该企业做了方案，主管还安排了人力资源部经理一起参加方案沟通会，在会中经理对我们如何提升人力资源部人效比特别感兴趣，当我说到可以帮人力资源部节省至少2-3名人力的时候，他陷入了沉默。

没想到的是，自这次会议后，这个项目就推不动了，经理回复近期比较忙，人力资源部把今年的重点放在公司明年的人力规划上，外包目前也有供应商，所以这边要暂时先放一放。当我询问主管时，主管也三缄其口。过了一段时间，我私下约主管吃饭，他才说了实话。原来人力资源部经理一直以来和行政部经理不合，目前人力总监职位空缺，两人都想争夺该职位，最近这位经理招聘的几位新员工就是为了布局总监职位做的准备，而我的计划是提升效率，这可能让老板觉得人力资源经理的规划出现偏差，而且多出来的人怎么安排反倒成了问题。

看似能帮助企业解决问题的方案，却因触及个人利益而丢单了。

很多销售丢单后回来告诉公司的理由都是诸如，"我们价格太高""产品同质化""服务不及时"等冠冕堂皇的理由，殊不知真正的原因你其实并未拿到。当你向公司申请低价给不了，当你抱怨产品部、服务部时，你的方向已经跑偏了。国内有家销售调研机构在回访那些因"价格"问题拒绝销售的客户时，惊人地发现其中有超过50%的真正原因不在"价格"，仅仅是因为客户认为用价格的理由拒绝销售比较简单有效。参考米勒·黑曼的研究，如表3-3所示和如图3-8所示中列出的客户的公家利益和个人利益点，在未来打单时可能帮助你更容易击中对方的关注点。

表 3-3　公家利益

最终决策者	产品使用者	标准把关者	销售教练
1. 高投资回报率 2. 低成本 3. 良好预算 4. 财务支付力 5. 增产 6. 灵活性 7. 盈利 8. 正常的现金流	1. 可靠性 2. 高效率 3. 提升技术水平 4. 更快捷地工作 5. 最好解决方案 6. 完成任务 7. 多功能 8. 一流服务 9. 容易学习和使用	1. 满足规格 2. 超过要求 3. 及时交货 4. 最好的技术解决方案 5. 折扣、价格 6. 付款方式 7. 符合法律要求	1. 认可 2. 出谋划策 3. 给予帮助

在销售中，公家利益和个人利益就像是自行车前后的两个轮，请问自行车是前轮还是后轮驱动的呢？自行车是后轮驱动前轮的。哪个轮更像是个人利益呢？是不是后轮？在销售中也是个人利益驱动公家利益的，无论你的方案再好，再如何能帮对方实现他的公家利益，但如果你忽视了他的个人利益，也很难成功。请针对你正在跟进的项目，完善如表3-4所示中的"公家利益"和"个人利益"。

保持权力　　　　　　　偿还债务
控制他人　　　　　　　增加责任与权力
工作更轻松　　　　　　追求某种生活方式
固定居所　　　　　　　更自由
保持现有职位　　　　　升职
技能提高　　　　　　　让别人感恩
提高个人绩效　　　　　独立
改变局势　　　　　　　教育
能解决问题　　　　　　高人一等
精神激励　　　　　　　提升自信避免失败
体现价值
增加发展潜力　　　　　失去信任
提高社会地位　　　　　失去名声
有更多的休闲时间　　　失去价值感
得到更多的权力　　　　降级
增强自尊　　　　　　　被离职
提升安全感　　　　　　感到愤怒
表现优异　　　　　　　焦虑
被尊重　　　　　　　　压力大

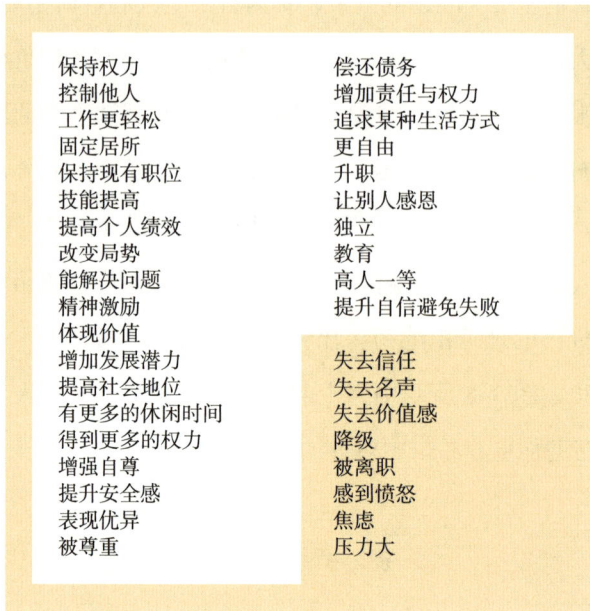

图 3-8　个人利益

表 3-4　项目行动计划表

姓名及职务	角色 （EB/UB/TB/Coach）	公家利益	个人利益	行动计划	行动目标

如何用好内部资源和应对外部竞争

精英销售一定明白，要想获得一笔订单，除了要"照顾"好外部客户，更要用好内部资源，因为复杂型销售项目是一场"多对多"的"战役"。不仅客户方是多部门多人参与，我方也常常涉及多部门的配合，如果内部沟通配合不畅，肯定会影响客户方方案的制定和执行，就算签约了，也可能服务不好，最后导致"一锤子买卖"。

如何用好内部资源，将需要解决三个问题：

1. 为什么要用资源；

2. 了解并擅用资源；

3. 不要过度用资源。

有人说，因为资源比我更专业。他们往往在谈到方案阶段就会带"专家"一起拜访客户，他们认为专业知识能打动客户，可是这些"专家"往往沉浸在自我专业的讲述中，说起技术或政策头头是道，他们是否把关注客户需求放在比专业更重视的位置？客户认可能满足他的需求，实现他期望的"专业"，还是仅仅被对方口中听不懂的术语所打动呢？

有人说，资源是我的上司或其他部门的领导。因为这些领导拥有更高的头衔，表示自己公司对客户的重视，同时又可以充门面，人多力量大，但是客户会仅仅因为你重视他们就和你签单吗？你和领导之间除了头衔不同，还差了什么呢？

也有人说，我实在不知道做什么才能推动项目了。也许有些资源确实经验丰富，能搞定客户，但是你这个天天和客户泡一起的销售都不知道下一步做什么，资源再多恐怕都不够用。更有人诡异一笑，反正项目的希望不大，找个替死鬼，把责任都丢他身上，这样跟"老大"也好交差。结果是这个"资源"恐怕也是最后一次支持你，并寻找一切可能的机会报复，把这事宣扬给更多的资源，最后吃亏的恐怕还是你。

那我们为什么要使用资源呢？

每次使用资源，我们必须要达成目标。你必须思考，这次面对的是客户的什么角色，客户的认知和期望是什么，这次拜访将达成什么目标，解决什么问题，需要客户给到我们什么样的行动承诺。销售是每个项目的负责人，我们要懂得利用资源为我们达成单一销售目标而服务，我们为过程和结果负责。我们的内部资源也是我们的客户，他们是帮我们达成单一销售目标的内部 Coach，他们也希望我们能成功。出发见客户前，我们是否有必要共同制定好策略，甚至做一些演练再出发呢？

如何擅用资源呢？

其实我们身边的资源分为两类，不仅仅是公司内部的人，还包括外部资源，比如你的标杆客户，合作伙伴，客户内部支持你的人。最重要的资源其实是你自己，你的时间是你最宝贵的资源。当你把时间花在一个早已不属于你的客户身上时，你同时也失去了属于你的客户机会。每个复杂型项目都需要谋定而后动，分析项目形势，早早放弃或持续跟进，根据客户角色和态度、影响力、支持度，发现项目中的警示符号，制定下一步的行动计划。

我曾经有一张表格，密密麻麻记录着公司每一位客服人员的喜好、特点、适合搞定的客户群，甚至包括他们的生日和家庭情况。每一次共同拜访客户前，总会清晰告知对方客户背景、本次拜访的目标、客户的个人情况、双方如何配合和注意事项等。如果客户功能签下，我总要找机会"感谢"对方，有时仅仅是一份小礼物或吃一顿饭；如果项目失败了，我也把责任尽量揽到自己身上，从不在背后说对方不是，当然我会在自己的表格中完善对方的特点，下次我需要和对方在沟通中注意的问题，以及对方适合的客户类型等信息。没有不好的资源，只有不适合的资源。比如，一个G态度的客户，他期望能越来越好，希望听到有价值的建议，这时候申请行业经验丰富、理论知识扎实的资源可能更合适。如果对方是T态度，对方当下最关注的可能是解决问题，资源需要有解决类似问题的经验，更适合找实干型的专家。如果对方是EK态度的客户，他没有更高期望，这时找会引导的资源配合你更适合，因为这种资源可能引导对方建立更高期望，或意识到自己的现状没自己想象得好。如果对方是OC态度的客户，找会讲故事的资源，有效提问和引导更能让客户正视现实，还要善于倾听，这时可千万别找讲授型专家，很可能会搞得不欢而散。

不要过度使用资源

资源都有成本，更重要的是，资源需要发挥作用，所以一定要出现在合适的时间，面对合适的人。

几个月前，某培训机构的资深销售打电话请我陪同拜访一家郊区的客户，我算了一下时间，来回路上要占用一天时间，为了让拜访更有效，我详细询问了这个客户之前沟通的情况，特别是这个客户到了什么销售阶段。销售回复说，这次是见CEO和各部门的销售总监，当然HRD也在现场，培训项目已经确定，前期也已经和HRD沟通过，听意思HRD应该是他的"线人"。

目前就只剩两家机构在竞争，项目是肯定要做的，据他判断该项目已经到了销售后期。我知道，在这个项目中我最多只有出现一次的时间，所以什么时机出现，和谁见面就变得很重要，资源希望发挥它最大的作用。可是，当会议真正开始时，我才知道我出现得过早了。原来，这位 CEO 之前和 HRD 并未就此次培训做太多沟通，这次叫来的一帮人还未真正明确培训的内容。是的，客户连需求还没明确，这充其量只能算是销售初期。这名销售把我这个"重量级"资源用在了帮助客户"诊断"的需求上了。

一次性把资源用完了，之后又如何和对方作交换，换取对方的资源呢？资源使用是有代价的，这名销售下次再让我支援，我会不会更谨慎了呢？

如何应对外部竞争

在做团队管理时，经常有销售跟我说："领导，能否陪我见某某客户？"我询问具体情况时，对方说："某某公司总监昨天已经见过客户高层了，'线人'跟我说的。"或者销售在提报方案时，在被问到为什么这样设计，经常回答的原因是竞争对手也提供了此项服务。请问，我们是否应该关注竞争对手做了什么？不要因为竞争对手做了什么你也去做，而是应该关注竞争对手的行动给客户带来了什么影响，如果做了还起了反作用，那你就更不能去做了。有时，过度关注对手还会给我们带来负面影响。

当你和竞争对手比较时，无论你是否说"我们更好"还是"不比他们差"，客户方都会认为你反复提及的对手一定让你很重视，那我为何不也联系试试呢？

你要展现的是"我能做什么"，而不是"我不能做什么"，当你和对手比较的时候，客户很容易能区分他能做到而你做不到的东西。但如果你完全和对方不一样，可比性也就没了。特别是我们在方案设计时，如能有一个有前瞻性的、有创意的方案，那就可以把竞争对手完全抛在脑后，也完全不用担心最后被客户压价，因为你们没有可比性，完全不同。

客户有时会被竞争对手错误引导到比较你们双方的差异上，如果你接招了就扩大了这种错误的影响力。其实，最重要的是你的解决方案是否能解决客户的问题，而不应该是你们之间有什么不同。

哪怕竞争对手的地位根深蒂固，他也可能有忽视的人。你需要尝试寻找项目中其他的决策影响者。还记得我们曾说过：只要他参与项目，就会在项目的某个时候发挥他应有的作用吗？不要忽视小看任何一个人。

防止报低价。多年前，我的一个朋友和竞争对手抢一个单子，由于对方介入更早，提供的服务更多等原因，客户倾向于选择对手。在决定前，客户让我朋友最后一次报价，并称最终在两家供应商中选择一家。在和总监商量后，我朋友决定将成本价报给客户，他们当时想，最后这个单子即使被对手抢走，也不能让对方挣钱。最终，竞争对手在被迫降价的情况下拿下了订单，这笔订单确实没让对手挣多少钱。

几年后，这家公司的项目决策者离职，很巧的是新来的负责人正好是我朋友的老客户，而那时竞争对手服务情况也不是很好。半年后，在朋友的努力下，终于说服新来的负责人重新启动供应商竞标。由于项目走的是竞标流程，所以有很多部门参与，标准把关部门拿到了几年前我朋友的报价，并要求此次价格不得高于过去的报价，因为他们服务的人数已经是当初的1.5倍。报低价最终害的不仅是销售方，低价背后还意味着销售方可能无法安排最好的服务力量服务该客户。是谁造成这样的局面的呢？

有时也要懂得拒绝参与竞争。招标一般需要几家公司参与，我们经常帮客户出主意，也经常被客户"邀请"。如果不清楚情况就忙着去应标，最有可能的结果就是一次次被伤害，一次次做备胎，浪费了时间是小事，恐怕你的资料也会"不经意"流失到竞争对手手里，最后变成下次打败你的利器。那我们该怎么做？做什么呢？下面提供给你一封回复函的样本。

尊敬的 ×× 公司：

非常感谢贵公司的信任，贵司的标书已收到。

收到标书后，我司也组织了专家共同研读了标书，我们对贵司在关键需求的清晰描述和对战略上表现出前瞻性，深感敬佩！

结合过往类似企业出现的一些问题，我们也发现了一些需求和关键流程上的疑问，如果在没有全面清晰了解贵司需求的情况下，就贸然为贵司提出解决方案并参与投标，是对贵司的不负责任，这也与我们以客户为导向、为客户定制方案的宗旨是相违背的。

我们非常希望有机会参与该项目竞标，并结合我们在行业内的经验为贵司提供更好的服务，这也是一次我们向贵司学习的机会，故希望能够安排一次见面访谈的机会，以便能够为贵司提供更有针对性、更有价值的解决方案，时间可以定在下周二或周三，大概时长一小时左右，您看可以吗？

如果贵司由于各种原因无法安排，我们也能理解。考虑到前述原因，恕我们无法参与此次竞标，期待后续其他合作机会。

顺祝

商祺！

×× 公司（公章）

× 年 × 月 × 日

小结

　　本招教会你，在制定策略时，切记未知、变化、消极和反对、热烈支持这四个方面都需要标上警示符号，引起关注，不断验证，制定改变的策略，积极的行动计划，巩固支持者，削弱反对者，拉拢中间派。

第 4 招

关注销售中的"人"

本招中，将和你一起找出客户不信任你的表现，并分析信任建立的四要素及改变的方法。

本招中，将和你一起找出客户不信任你的表现，并分析信任建立的四要素及改变的方法，最后会给到你 DISC 工具来帮助你分析自己和客户性格特质，以及应对方法。

信任公式

销售到底卖的是什么？薇娅卖的是产品吗？为什么同样的东西在她手里就卖得特别好，换其他人卖就不行？除了她是一个大 IP 外，还和她的关注者非常信任她推荐的东西有关。据说她卖的东西都要亲自试用，确保品质再直播，消费者买得放心，这个"放心"是什么呢？我有个朋友做某直销产品近二十年了，这个品牌的东西是基本上家家户户都用得上的家居、厨卫生活用品，做到后来，只要有新产品出来，她的很多客户已经不问到底是什么就让她直接发货了，她到底又是在卖什么呢？

在很多项目中，有一些是难以推进的项目，那些不愿意采取行动的客户，他们经常会这么说："买这些没用。""没需求。""没预算。""不需要改变什么。""不着急。""不信任。"……

你觉得导致销售没有结果的最根本的原因是什么呢？缺乏信任。

让我们先来判断一下客户是否信任我们的表现。

小练习

练习请判断下面这些行为哪些是赢得客户信任的，哪些是没有赢得客户信任的（见附录参考答案⑥）。

1. 客户谈论你的产品服务和他的需求之间的关系。

2. 客户说竞争对手能做，你能做吗？然后追问你，你怎么做到？

3. 客户给你一些高度个性化的数据和信息。

4. 客户不按你的沟通节奏，直接问价格。

5. 客户和你讨论方案，一起参与方案改动。

6. 客户保持沉默或者回复无可奉告。

7. 说得含含糊糊。

8. 客户和你的沟通很专注和明确。

9. 客户质疑你的思路。

如果客户并没有完全信任你，对你还有一些敌意，那么我们应该如何去回应客户呢？

你要提一些客观事实类的问题，比如，什么？哪些？哪里？什么时候？如何做？举例：我在网上查到了贵司成立于 1983 年，最近两年我们增加了哪些城市呢？但是你尽量不要去问："你对于某某政策，有什么看法吗？"这就是在问他一些主观的看法，如果他对你带有敌意，问一些客观的问题都未必回答你，又怎么会把他内心的真实想法告诉你呢？所以，这个时候尽量去问客观的、具体的问题。

提问清晰，精确简洁。你的提问要让对方一听就明白，因为他此刻没有太多耐心。

让客户畅所欲言。

我的一个朋友是某知名快递公司的人力资源总监，他给我分享了一个他的案例。早些年，他的一项工作是给新入职员工做企业文化宣讲。企业文化宣讲，就是让员工以积极的心态加入这家公司，以十二分热情投入接下来的工作。可是大家也知道，工作一段时间后总归会发现一些不如意的地方，所以员工经常会给他打电话进行投诉和抱怨。有一次，他在公司讲了一整天的课，嗓子都讲哑了，临近下班前半个小时，他才终于拖着疲惫的身体回到办公室，本想休息一下的，没想到此时电话铃声响起，果不其然，又是员工投诉电话。当员工说到激动时，他很想像往常一样打断对方，很想跟对方去解释，但是嗓子说不出话来，没办法，就这样让员工一口气说了半个小时，最后结果是什么呢？没想到，结果竟然出乎意料地好，员工告诉他："王总啊，其实我心里也明白的，你什么都不用说了，我知道下一步该怎么做了。"

看来面对有敌意的沟通对象，让对方畅所欲言是一个不错的办法。

信任的来源有三个途径。第一是通过我们的声誉建立的，第二是通过同事或者相关人员转来的，第三是你自己赢得的。而这三个中，最重要的就是你自己赢得的信任。如果是通过别人转过来的，可能可以建立暂时的信任，但最终还是要靠你自己去赢得。让我们来思考一下，在我们日常的销售当中，哪些行为是有助于我们建立信任，而哪些行为又是有损于信任建立的呢？比如说，西装革履、跟客户暗示有回扣、分享同行的案例、插话、没有听清对方说话、及时反馈信息给对方、迟到15分钟、诊断客户的问题等等。你觉得以上哪些是有助于建立信任的呢？

西装革履你觉得如何？

有一次我去见某知名运动品牌的人力总监，我当天穿着职业装，当我走进对方公司的那一刻，我突然意识到自己可能犯了一个错误，因为我发现这里没有一个人穿职业装。第一次见面穿职业装其实并没有错，这表示了对对方的尊重，那第二次呢？第二次去，如果再穿职业装，就会显得和对方有距离感了，于是我就做了一些调整。你猜我穿了什么去的？我穿了他们品牌的运动装。特别要注意的是，千万别去穿他们竞争对手的衣服，那可能会给你带来一些麻烦。

还有人说："对方只要拿了我的回扣，那肯定就是信任我的，他都是我的'线人'了，还不信任吗？"事实真是这样吗？多年的销售经历告诉我，未必。有销售跟我分享说，有个和他关系特别好的客户，有次他和领导去给客户送礼，当他领导离开的时候，客户告诉他："哎呀，你领导加了我的微信，我不理他吧也不好，毕竟他知道这个事情。"后来，等这名销售离职后，客户把他和他领导都屏蔽了。如果你要用钱来拉近关系，那么如果竞争对手比你花得钱更多呢？用这种方式，其实很难建立真正的信任。

再比如"诊断客户的问题"，那就要看你是如何诊断的。为什么我们这么信任医生，特别是专家级别的？并不是因为他们大多是博士毕业或为多少患者提供过诊断。有一次，我刚刚坐下，医生就问我："哪里不舒服？"我说："腰痛。"接下来，医生说的一番话让我决定以后都在他这里看病了。医生说："你早上起来的时候，你的胸口会不会有点闷？"我想了一下，觉得好像是这样的呀。然后，他又说："你摸下脖子后面这个地方，按下去会不会有点酸胀？"诶，我真的觉得很酸胀。他接着问："你晚上睡到床上的时候，你的胃会不会有点痛?"诶,全被他说中了。请问这是不是比他说他是哪里毕业的,看过多少病人更管用?在帮我诊断的过程中,他已经建立了他的专业度,所以"专业度"不是靠自己说的,而是能够帮助客户诊断,特别是能够说出对方还没有说出的话。

说了那么多,我们就用一个公式来对信任做个总结吧,这个公式来自大卫梅斯特《值得信赖的顾问》,分子与信任成正比,分母比信任成反比。

$$信任 = \frac{能力 + 可靠 + 关系}{以自我为中心}$$

能力包含我们的专业形象、专业度。有关形象,有一句话是这么说的:"你的形象价值百万。"还有一句话是这么说的:"没有第二次机会让你建立跟对方的第一印象。"可见,专业的形象是非常重要的,特别是面对一些特别重视形象的客户。有关专业度,比如我们对公司、产品、竞争对手、市场、行业等的了解,我们对销售策略的制定能力、目标管理、时间管理、商务呈现、销售技巧,特别是提问和倾听技巧,这两个不仅是能力的体现,也表现出你是否以客户为中心的思维习惯,还包括谈判技巧等。

什么是可靠呢?可靠包含诚恳、不欺骗、不隐瞒、不回避、不操控,要么不答应对方,答应了就一定做到的品质。

何为关系呢?你只要问自己一个问题,就知道自己和对方的关系如何了,你有帮过对方三个忙吗?帮过三个忙一般关系分数就很高了。另外,如果我们能找到和对方的共通点,也是可以拉近关系的。什么又是共通点呢?比如说我们经常说的"人生五大同",指的是同宗(指同姓)、同乡、同窗、同事、同好。但你也会发现前四"同"是可遇不可求的,我们唯一可以创造的是"同好"。又有人说了,这是不是指"共同的兴趣爱好?"对了一小部分。有些销售是这么说的:"如果客户喜欢旅游我就去研究旅游,客户喜欢历史我就去研究历史。"可是我们并非对所有的领域都非常熟悉和专业，如果你只是勉勉强强地去套近乎，客户是能感觉出来的。当然，我们有时刻意将自己的肢体神态、语音语调调整的和客户一致，也能达到"共通点"的效果。

"共通点"还指共同的经历，甚至是共同的价值观。我曾经在企业里组织过几次年底的市场活动，邀请我们的客户参加集旅游、学习、健身为一体的游学活动，在三天两晚的活动中，我们和客户同吃同住，共同学习，一起锻炼。活动结束后，我们和客户都成了好朋友。即便有些多年未见，这种关系也一直维持到现在。作为一名精英销售，我们更要懂得创造这种"共同的经历"。很多销售跟我说公司没有资源，这种资源其实时刻存在于我们身边。我的客户来自各行各业，我在平时会注意收集客户的情况，了解客户的喜好。比如有客户是童装企业的，有客户是知名手表企业的，有些是卖车的，我就让客户们在员工内卖时通知我，我会带着我的客户一起去，这些资源就被盘活了。而且那些帮助过我的客户还会对我特别热情，我也更有理由请客户出来喝茶了，一来二去，大家的关系就更熟络了。有句话说得好，关系不用，容易生锈。

最后来说说分母的"以自我为中心"，其实这里是强调让我们做到"以客户为中心"。比如说，你想着去介绍产品的优势，你想着让客户去购买，你想着完成自己的业绩指标，这些都叫以自我为中心，我们尽量少做。我看过一个视频，说的是客户到星巴克买咖啡，营业员和他对"大杯""中杯"产生了分歧，营业员没有站在客户角度，用客户能理解的语言和客户沟通，结果气得客户再也不愿来消费了。比如倾听，比如提问以了解客户的问题和处境，让客户感觉你理解他，站在他角度思考问题，这才是赢得客户信任的关键。如果你发现你的产品帮不了客户，你告诉客户不要购买，这就是"以客户为中心"。

本小节我们介绍了缺乏信任是销售的最大障碍，给了你一个信任公式，说明了信任与四大要素有关：能力、可靠、关系以及最重要的是否以客户为中心。

练习请大家找出自己信任和不信任的各一个人，尝试用信任公式的四维度给对方打分（1-10 分，分数越高表示做得越好），体会一下四维度对信任的影响力。

DISC 探索自我与识别应对

作为一名销售人员，如果你的客户正好是你感觉比较舒服或比较喜欢的类型，这是好事，也是运气。什么是能力呢？哪怕我看你不顺眼，但我还有能力与你沟通，而且还不影响最后的工作绩效达成，这个就叫"能力"。希望在本节的学习中，提升你识人的敏感度，善用不同应对方式，打动不同客户。

请将你的十指交叉握紧，此时你观察到你的左手大拇指和右手大拇指哪个在上呢？现在请迅速分开再次握紧，现在你的握法有改变吗？没变对吗？心理学研究表明，人的行为有倾向性，倾向性的行为反映了心理状态。比如，刚才握手的行为，如果你右手大拇指在上，表明左脑发达，事业容易成功；如果你左手大拇指在上，表明右脑发达，家庭更易幸福。同样，我们也可以根据一个人的行为了解他的性格特质，从而用他喜欢的方式和他沟通，就能达到事半功倍的沟通效果。

面对客户时，如果用你自己的原始风格对待所有客户，你最多只能打动一类客户，就是那种和你最像的客户；如果你能用对方喜欢的风格对待对方，那你就可以赢得所有客户的喜欢。客户风格最常见的分类方式有如下四种：D、I、S、C。

小白刚做销售那会儿真的很"小白"，不懂任何技巧。让他百思不得其解的是，为什么和有些客户见面客户会主动和你寒暄，而且越聊越开心，而有的客户不想和你多说一句闲话，最好见面就直接谈工作？后来学习了 DISC 他才明白，每个人沟通的模式不一样，喜欢的沟通方式也是不同的，好在 DISC 把它们分成了四种，易于归类识别和运用管理。

DISC 根据人们更关注人还是事，以及决策直接（快）或间接（慢）把人分为四种性格特质（如图 4-1 所示）。

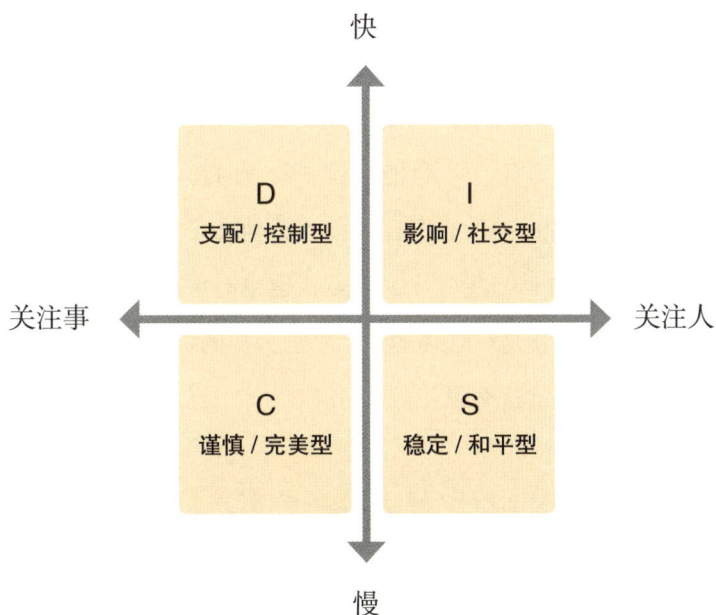

图 4-1 四种性格特质 DISC 模型

D 特质的代表人物有拿破仑、董明珠等，他们一方面比较关注事情，一方面也喜欢主动出击，这类人目标非常坚定，使命必达，而且速度很快，不光做事速度快，决策速度也快，甚至连走路和说话都是快速的。他们的外表也有一些特点，一般比较简单干练。一个 D 特质很高的客户，他找到 A、B 两家供应商来面谈，但其实更倾向 A 公司，所以他让 A 公司出方案，你觉得他希望对方什么时候给他？A 公司销售说"马上"，可是两天过去了还没反馈，他心想："马上马上，你马死在路上了啊？"于是，D 特质的人又找到 B 公司。B 公司销售就不同了，他知道客户 D 特质很高，所以一接到客户的指令之后立刻回复："好的，我今天下班前给您。"在下班前及时给到客户方案的 B 公司，现在在客户心目中的地位发生了微妙变化，因为 D 特质的人对时间观念也是特别强的。有的时候，不是你做了什么，而是你有没有照顾到对方的风格，影响了你在对方心目中的评价。拿破仑的字典里没有"不可能"，他叫你做一件事，你说"不可能"，他一定会呵斥道："做都没做，怎么叫不可能？"所以，如果 D 特质的人要求你做事，你千万不能说"不可能"，那该怎么说？你要说："不是不可能，只是我暂时还没想到办法，您觉得怎么做更好？"一个 D 特质高的人听到你的话，他会怎么反应呢？他一定会马上跟你讲，做这个事情有哪些方法，当然，他也有可能会说："算了，这件事我来做吧。"这样你就是在管理客户，管理客户的资源了。

如何应对？可以经常这么说：

"这有利于您掌控局面。"
"你的意见很对，我们照办就是。"
"没有问题啊。"

普通人被拒绝了一次两次就放弃了，而 D 被拒绝了一次会去第二次，被拒绝了两次会去第三次……拒绝了十次会去第十一次，客户看到你这么锲而不舍，他心里就会想："这个东西可能真的不错，否则他怎么可能这么坚持？"所以 D 特质高的销售具体有很强的意志力，传递给客户一种信心感。

I 也很主动，但是与 D 相比，他更关注人的感受，代表人物有马云等。I 很喜欢两个词，一个叫"人来疯"，一个叫"自来熟"，我们小时候大多数人都有 I 特质。如果遇到一个 I 特质的客户，他可能和你天南海北聊一下午，等你准备回去时可能发现正事一件也没聊，所以面对 I 的人，你要找机会把谈话内容引回正题。你也会发现，他比较容易给你描绘一个蓝图，明明只有 100 万元的订单，也能把它说成 500 万元的愿景，所以你要善于提问，学会前后验证，再合理报价。

如何应对？可以经常这么说：

"……是你的功劳。"

"你这么做是正确的。"

"你的贡献大家都会看到。"

S 特质也很关注人，但他的速度要慢一些，比较被动和委婉，因为他害怕冲突，会观察别人的感觉和反应，喜欢安全和稳定，口头禅是"为保险起见"，代表人物有圣雄甘地、雷军等。我曾和 S 特质的人一起吃饭，我问他："去哪里吃啊？"他最容易回答两个字："随便。"看似 S 特质的客户亲和力很强，很容易打交道，但你所不知的是，他们很可能是所有客户中最难对付的，因为他们明明内心已经拒绝你的方案，但因为害怕冲突而不好意思直接说出口，所以老让你以为还有希望。同时，他们做决策非常慢，总要和团队"商量商量"，因为他们害怕风险。你要用一些事前约定的方法，比如提前约定好："如果您觉得我们不适合，请您直接告诉我，万一您说'考虑考虑'那也表示您已经拒绝，您看可以吗？"

如何应对？可以经常这么说：

"这样做就没什么风险了。"

"你可以向我们以前的客户确认。"

"为保险起见……"

C特质也是关注事，决策慢，但他的决策慢和S不同，S是担心人的感受，他是从事情的角度需要严谨和论证合理性，他们特别喜欢对方提供一些证据来证明他的承诺，代表人物有乔布斯、比尔·盖茨、张小龙等，他们的共同点是很少表扬人，但从不吝啬对他人的批评，他们对自己要求高，所以对别人要求也高。

如何应对？可以经常这么说：

"这很合逻辑。"

"我们会一步一步来。"

"双方可以时常检查，然后继续。"

哪类人最适合做领导？哪类人最适合做销售？哪类人最适合做客服？答案是都适合！特质没有好坏，但各有特点，我们要善于运用，管理好自己的风格，识别出他人风格。在销售中，用客户喜欢的方式和客户沟通，能帮助你建立信任，提升业绩。

作为一名销售，无论你是DISC中具有哪种倾向性，你都有自己的优势。

I也很适合做销售，因为他很会描述，会营造很多的体验感。有一次，我和老公去买沙发，一个销售人员就描绘起买了他家的沙发，如果放在客厅，在冬天的暖阳下，阳光照进来，茶几上放着刚煮好的飘着香气咖啡，我们一家人坐在这个沙发上读书、聊天的场景。后来，我们除了买沙龙，把他家的茶几也顺便买回家了。

也许很多人会认为S不适合做销售，如果S遇到D，那还不被压着跑啊？其实S也特别适合做销售，因为他们最擅长两句话，第一句话是："我不是您，我没办法帮您做决定。"因为大部分客户不喜欢被销售，他们喜欢自己做决定，这句话正中下怀。第二句话是："不过，我有个客户情况跟您比较类似，后来他们做了某某决定，非常顺利地解决了问题。"S就是这样从对方角度出发，每一点都帮对方考虑到，讲到最后，客户发现对方比自己还要关心自己，觉得不是对不起销售，而是对不起自己。S销售的客户转介绍成功率特别高，因为他们人缘特别好。

C做销售逻辑分析能力特别强，能把客户还没想明白的给说明白，让客户觉得很有道理。客户购买会考虑两个问题，一个是买不买，第二是买谁的。你觉得哪个问题更难？肯定是第一个问题更难。如果他已经想好要买，你自然就有机会引导他来买你的，可是如果他第一个问题还没解决，你直接跳过这个问题进入第二个，你很可能一直在播种，果实最后被别人拿走。C厉害就厉害在这里，C特质会这么说："既然你已经决定过来了解，说明你真的有需求，你要挑选的只是哪个更合你的心意。要不您告诉我一下您的标准是什么，我来帮您看看哪个方案更适合您？"C的销售对市场情况是相当了解的，对自己的项目也非常清楚，所以C要等对方先把选择标准拿出来，把自己搜集的信息进行整理、排列和组合，最后让对方筛选得出结论，基本上只有买他的产品才是唯一、最好的选择，这是C的专长。

综上所述，这四种特质的人的差别之处如表4-1所示。

表 4-1 DISC 的挑战、优势和相处原则

	挑战	优势	相处原则
D	速度过快（有风险） 不擅授权	意志力强 信心传递	不要给 D 过大压力 回应要快 及时认错 汇报要点 及时找他 委婉提错
I	愿景无法兑现	擅长描述 营造氛围	热情回应 幽默特别的词汇 夸他"很有趣" 强调你的感受 坚持
S	不擅应变 不敢出手	换位思考	温暖的话 关怀与包容
C	很难亲近 不易快乐	抓关键 擅引导	保持距离 用数字说话 让 C 说话 用比较法

小 练 习

练习一：如表 4-1 所示，《西游记》师徒四人分别对应 D、I、S、C 中的哪一种？（见附录参考答案⑦）

练习二：针对目前你正在跟进的客户，用纸笔按如下步骤做记录。

1. 写出与你互动最多的 5-10 人。

2. 找出你最喜欢的人和最不喜欢的人各 3 个。

3. 根据你最喜欢的人的特点，分析识别他的特质；根据你最不喜欢的人的特点，分析识别他的特质。

4. 根据上表的总结，用他们喜欢的方式来尝试沟通，1-2 周后写出你和他们沟通的感受和关系的变化。

小结

　　了解客户兴趣，揣摩客户心思，训练自己的感觉，洞察别人的心理活动，准备好遭拒绝时的应对策略，DISC 工具帮助我们探索自我、识别他人、管理人际，有效推进你与客户的信任关系的建立，从而帮助你提升销售业绩，让你向精英销售更迈进一步。

第 5 招

关注销售中的"流程"

本招将通过案例说明客户的购买逻辑。

本招将通过一个案例来说明何为客户的购买逻辑（WHY-HOW-WHAT），以及分享某企业销售流程如何与客户采购流程相匹配的关键里程碑事件的设定案例，让你清晰地了解销售中"流程"的重要性，不仅是关注你的流程，更要关注客户的流程。

客户购买逻辑

在我家小区门口，有一个修锁匠，每天回家的时候，我都会经过他的店门口，可是我从来都没有跟他说过话。有一次，他在店门口发单页，顺手递给我一张，我也就顺手接过来放进了包里。

几个月后的一天早上，我要赶去上海郊区做一天的培训，因为怕堵，我特意比培训时间提前了近两小时出门。"不能迟到"是对职业讲师最起码的职业要求，一般来说，我们都会比培训时间早到半小时至一小时，提前去做一些准备工作。那次我给自己预留了一小时的准备时间。就在我关上门的一瞬间，我突然想起早上起床时把电脑从包里拿出来做了个修改，忘记放回去了，但"嘭"的一声，门已关上。于是，我开始翻找钥匙，越找越心慌。昨晚换了一个包，难道钥匙也忘带了？我心里大喊一声"糟糕"，瞬间急出了一身汗。我用力推门，已经于事无补，门被关得牢牢的。我长叹一口气，只得接受现实。此刻，我脑子开始迅速翻转着，想着是否可以不使用电脑？但是马上就否决了这个方案，因为电脑里有上课需要的视频，还有很多活动的资料，没电脑，这课没法上啊！看了一眼手表，知道自己必须要在 30 分钟内打开门取回电脑，否则上课就会迟到。万一迟到，这就不是"故事"，而是一场"事故"了。

在刚才之前我还没有需要开锁的动机，那现在呢？我已经有了这个"WHY"吧？接下来，我会考虑什么？是不是我如何才能最快速地打开门呢？这是不是就是"HOW"？即便这样，我也没有立刻想到要找那个锁匠，因为我有很多选择可以开门，按照我内心的标准，我肯定不愿意冒着破坏锁的风险叫人帮忙开门。是你的话，会先想到哪些办法呢？其他地方是否还有钥匙？能不能让家里人回来帮忙开门？

可是让人绝望的是，其他地方没有放过钥匙，老公今天一早出差了，现在正在高铁上，肯定赶不回来。除了我，钥匙只有他身上有。接着，我又想到了一个主意，我的邻居家和我家只有一墙之隔，是不是可以从邻居家翻墙过去呢？他家平时也是一直有人在家的。一边这么想着，一边敲起了邻居家的门。门很快开了，可是邻居在听我说完事情经过后往楼下看了看，不太建议我翻过去，说万一掉下去很危险，想想也是啊。邻居提醒我："咱们小区门口不是有个修锁的吗？说不定他可以帮你开门。"没错啊，我突然想起好像我把他的名片放在了这个背包里。我翻找着背包，当拿出这张名片时，简直就像找到了宝贝，这可能是我最后的希望了。

我马上拨通了对方电话，等待对方接听。请问此时，我最关心的是什么问题？你还记得我们在第三招里讲到的客户态度吗？我现在处于哪个态度（望更好，遇麻烦，无所谓，不需要）？我现在正是"遇麻烦"的状态，当客户处于这种状态，请问他最关注的是什么？当下，我最关注的是他是否能最快地帮我解决问题（把门打开），而对价格、产品或服务的是否优质已经不在意了。对方很快接听了电话，好消息是他可以马上赶过来帮我处理，坏消息是要保证在我要求的时间内打开门的价格是平时收费的两倍，因为这要损坏锁，费用含了配锁的钱；如果不是很急，可以按平时的价格，但时间上不能完全保证，也可能需要花一个小时。如果是你会选哪个呢？当下，没有其他选择了，时间对我来说最重要。请问，现在我已经到了什么阶段，WHY-HOW-WHAT的哪个阶段呢？正是 WHAT。

如图 5-1 所示，这就是客户的购买逻辑。客户首先需要产生购买的动机，要先有"为什么要改变"的原因。对应的，销售需要思考的是：当客户产生需求的时候，为什么他会选我。然后客户会思考"HOW"，就是"怎么办"，此时客户的思维是收敛的还是发散的呢？是发散的，因为他会去寻找解决方法，可能不止一种，而且他会根据自己的标准来排序，衡量哪个更好。如果此时你拿出自己的产品，给他的感觉是什么？是不是推销？因为你的产品对他意味着 WHAT，他还没到那一步。但如果你想的是"我如何能帮到客户解决问题"，那你该怎么做？是不是先了解他选择方案的标准，然后帮他一起想怎么解决对他更好。

这其中可能会产生两种情况，一种情况是他的认知是正确的，你的产品确实不是解决他问题的最好方案，这种客户可能就不是你的目标客户，就不要再尝试成交了，你为什么不试试做一个顾问呢？客户如果真的不需要你的产品，强卖的结果可能是一次性的，为什么你不能尝试在建立信任的基础上看看能否让对方做转介绍呢？即便暂时没有，你的专业和换位思考已经给客户留下值得信赖的印象，之后有类似需求他可以第一时间想到你。

第二种情况是他的认知有偏差，比如选择的标准和他认定的解决方案不是最佳的，那你可以通过一些销售沟通技巧来引导客户自己说服自己改变主意，需要注意的是，你说服不了他，只有他自己可以。具体的技巧我将在本招中做详细的介绍。当客户根据自己的购买标准，发现某产品是最适合他的，这时候自然而然就到了 WHAT。

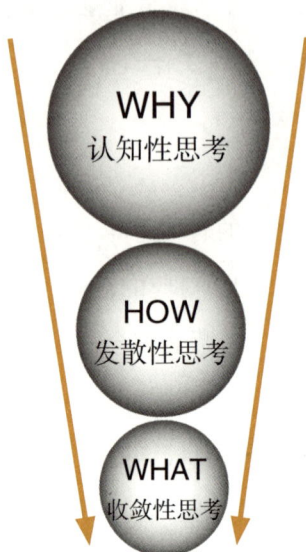

图 5-1　客户购买的思考逻辑

　　所以，对销售人员来讲，销售流程应该是怎样的呢？你应该和客户同步，当客户在 WHY 的时候，你也应该在 WHY，你要思考的是"为什么客户应该选我？"当客户在 HOW 的时候，你想的不是卖产品，你需要思考"我如何一起帮助客户去解决他的问题？"当客户到达 WHAT 的时候，这时可以出现你的产品了，你已经陪伴客户自然地到达了 WHAT，购买将自然而然地发生。但是，今天我们很多销售的流程是反的，你一上来干嘛呢？开始介绍公司，介绍产品，对不起，客户还在 WHY 的阶段，而你已经到了 WHAT 的阶段，你完全是反过来的，因为你过早地掏出了产品（WHAT）！请问你给客户的感受是什么？人人都喜欢购买，但没人喜欢被推销。客户一旦发现你在推销，他就会有警觉性，防御值升高，信任值下降，这不是和你销售的目标违背了吗？

销售流程要与客户采购流程匹配

销售流程需要和客户的采购流程相匹配，不同行业的客户采购流程不尽相同。

如表 5–1 所示，某公司将客户的采购分成了六步骤流程，制定出了对应的七步骤的销售流程。如何判断已经到了流程的第几步呢？不是凭感觉，而是凭是否达成了关键里程碑的事件。所以，本着"以终为始"的原则，你怎么卖，是需要从研究客户怎么买开始的。

在购买的过程中，客户到底关注些什么呢？前面我们讲了客户购买的逻辑是 WHY–HOW–WHAT，客户如果已经进入决定买的阶段，那说明他已经经历过了 WHY 的部分，进入了 HOW，你也需要与客户同步。全球的营销大师尼尔·雷克汉姆曾经研究过客户关注度曲线（如图 5–2 所示），客户在购买过程中关注的四方面：需求、成本、方案和风险，会随着销售阶段的不同而变化。客户关注点的变化为什么是这样的呢？举例来说明一下。今天我们大部分人都已习惯网上购买，即便如此，也要遵循上面关注点的变化规律。

表 5-1　销售流程与关键里程碑事件范例

	拜访前计划和研究	激发兴趣	诊断、创建构想	推进	赢单	签约 & 谈判	实施 & 评估
B 端顾客购买常规流程 →	基于自身业务制定发展策略产生需求	确定需求	评估可选方案	选择方案		解决问题 正式签约	方案实施 效果评估
基于顾客购买流程的销售执行步骤——销售流程 →	拜访前计划和研究	激发兴趣	诊断、创建构想	推进	赢单	签约 & 谈判	实施 & 评估
销售要做的关键里程碑事件 →		确定可能的受益人 激发兴趣 承认遇到的痛苦 确认对话内容 同意后续步骤	诊断支持者的痛苦 创建或重塑支持者构想 同意进一步探索 为接轴高层进行协商 确认对话内容 同意后续步骤	诊断权利支持者已 承认痛苦 创建或重塑支持者构想全力 支持者进一步探索 同意进一步探索 支持者进一步协商 确认对话内容 同意后续步骤	开始后续步骤的执行 呈现初步的解决方案 证明能力（OTF） 进行建议书预览 要求结案 提交建议书 收到口头批准 与客户确认招投标标准 并投标	为最终的谈判做准备 达成最终协议 正式签订合同 与合作伙伴进行协商	实施解决方案 衡量成功标准 识别可能的新机会
可以帮助各个环节提升效率和效能的工具 →	区域销售计划 客户概况 痛苦链 关键人物列表	成功参考案例 预期价值主张陈述 业务发展信函 业务发展提示卡 销售策略评估 竞争策略选择工具	九格构想创建模型 痛苦表 业务发展提示卡 支持者信件	x x 模型 痛苦链 客户拜访提示卡 业务发展提示卡 权利支持者信件	评估计划 步骤完成信函 实施（过渡）计划 痛苦链 价值验证/分析 成功标准 提案前审查	付出/得到清单 谈判工作表 立场 & 利益	实施计划 成功标准

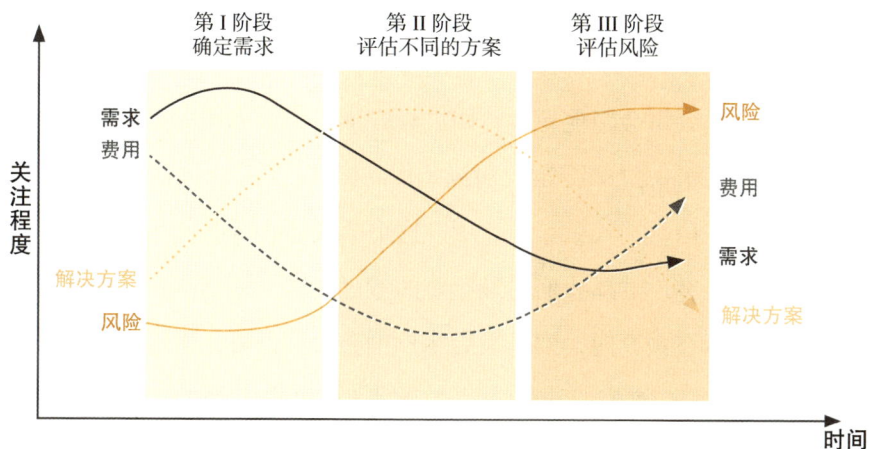

图 5-2　客户关注度变化曲线图（来自尼尔·雷克汉姆）

　　假设，这是你第一次在网上买一件"短袖女式红衬衫"，请问你打开某宝后的第一步会做什么？现在你可以打开某宝试试，看看你接下来会不会和我做一样的事。你会不会在搜索栏输入一些关键词？比如"女式衬衫、短袖、红色"，这些词是什么？是不是就是你的"需求"？所以，客户最开始也是关注自己的需求。也许一开始她没想买红色，也没想要"真丝"的，但是选着选着，逐步明确了自己到底要什么，自己的购买标准是什么，直到明确自己的需求。在这一步你不会对价格特别敏感，但如果看到一件衣服远远超过你打算购买的价格（预算），估计你也会毫不犹豫地删除它，比如你打算花1000元，但是跳出来的是上万元的衬衫，估计你会自动略过。第二步，面对众多的产品，你会不会开始挑选？比如你喜欢的款式、喜欢的面料、发货地的要求、时间的要求等，是不是会确定基本上不超过三家？这就是确定方案的过程，因为这些方案是满足你的需求的。你在购买前还会比什么？你会不会去看"宝贝评价"？这是在干嘛？你在想："他的产品真有他自己说的那么好吗？"你还会不会问："今天能发货吗？我买你家的就是因为同城，我急等着用，你能发吗？""你确保你是正品吗？你是 100% 的真丝吗？"因为现在你已经到了第三步"评估风险"阶段，这步完成了你才会付款。在购买下单之前，你会不会跟他还价？如果对方不还价，你还买吗？估计真心喜欢还是会买，因为满足你的需求，也满足你的标准，风险也评估了，如果不买，又要重新再来一遍，不太乐意了。所以这个曲线还告诉我们另一件事，那就是价格从来不是客户选择我们的最重要的考虑要素。最初客户会关注价格，主要是考虑是否在预算内，到了最后客户也会关注价格，无论最初是否和你讨价还价，最后一定会再讨价还价的，而此时才是客户认为真正的谈判的开始，如果前期你已让步太多，现在已无让步空间，那你就比较吃亏了。

小结

四根线透露出很多信息，无一不在告诉我们，我们怎么卖，关键要看客户怎么买，跟着客户的采购流程来设计你的销售流程，根据客户在购买中的关注度的变化，在不同阶段突出你不同的优势，准没错。

第 6 招

关注销售中的"术"

本招中，我将按销售流程详细讲解每个步骤中的关键销售技巧。

本招中，我将按销售流程详细讲解每个步骤中的关键销售技巧，助力你快速提升超级销售力。

准备沟通

自 18 世纪 60 年代工业革命开始，物质供应从求大于供再到供大于求，营销方式也发生了根本转变，经历了从推销、产品销售，顾问式销售、价值型销售，再到如今的数字化销售的演变。我认同部分行业的销售会被互联网销售方式替代的说法，特别是那些简单化商品、同质化严重的产品和那些销售价值存在感很低的行业。但复杂型 B2B 销售很难被替代，这类销售的专业度是产品的高附加值，复杂型问题的诊断，解决方案的生成，这些都无法被 AI 或互联网销售所代替，有它存在的独特价值。

传统销售模式和新销售模式的区别不再赘述，如图 6-1 与图 6-2 所示。在竞争不激烈的情况下，旧销售模式也曾起到过一定作用，一度让人以为勤奋、能说会道、会逼单的销售能取得好业绩，可是在这个物质高度丰富的时代，人们的选择太多，每天是不是你都可以接到不低于 10 个推销电话？在没有信任、对方在不知道你是否是他目标客户的情况下狂说一顿，效果真会好吗？仅仅靠这些，似乎已经越来越难成交，甚至起到反效果。在提升专业度的同时，你需要懂得建立信任和创造价值是同样重要，甚至是更重要的事，你要学习更多技巧，巧妙地在正确的销售时机做正确的事。让我们把注意力转移到图 6-2 的新销售模式上，有关"如何建立信任"，可以回到前面第 3 招进行复习，本招将从销售技巧角度强化你与客户的信任度，请你按图 6-2 所示，重新分配好你的精力值，做好每一步，让成交自然而然发生。

不要再逼单，因为那根本无效。

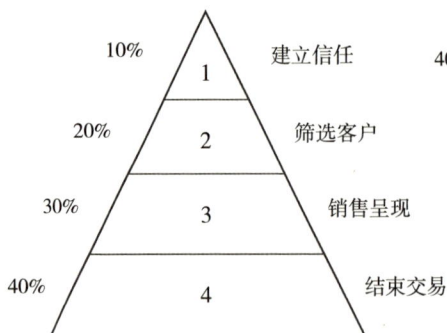

图 6-1　旧销售模式

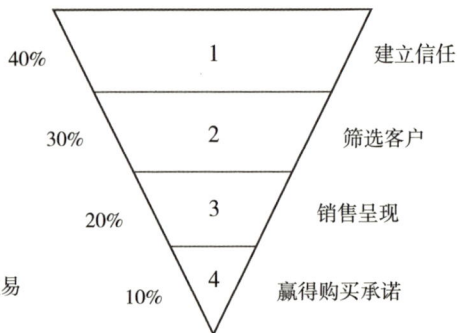

图 6-2　新销售模式

　　在正式进入第 6 招前，我们先来看一下销售沟通的流程。据一份研究报告显示，对于复杂型销售，我们需要平均拜访客户 4–12 次才能成交。如图 6–3 所示的是一个销售项目的沟通成交流程图，将分别经历从销售准备—建立信任—筛选客户—了解客户需求—呈现方案价值—获得客户承诺—商务谈判—成交的过程。图中三处标注了"转介绍"，分别代表"筛选客户"后发现不是目标客户，放弃该客户的同时可以要求对方做转介绍；在处理异议时，发现有处理不了的异议，放弃该客户的同时可要求对方做转介绍；在成交后，可要求客户做转介绍，但这些都需要在对方信任你的基础上。

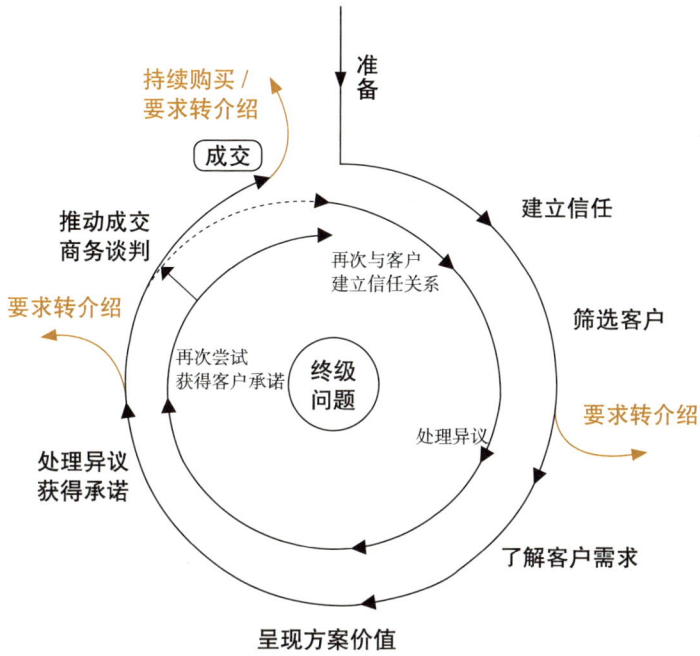

图 6-3　销售成交沟通流程

筛选客户

你的潜在客户可能有三种情况：第一种情况，潜在客户有很清晰的问题或需求；第二种情况，潜在客户有一些问题或需求，但他不清楚这个问题或需求是什么，他也不清楚你的产品能否帮助他解决这个问题；第三种情况，潜在客户对于你销售的产品没有需求，即便是在此之前，你或他都认为是有需求的。开发潜在客户的过程，就是你投入大量时间之前，先搞清楚潜在客户是哪种情况的过程。

识别黄金潜在客户七原则：

1.对你的产品或服务有迫切的需求；

2.客户能迅速通过使用你的产品而受益；

3.他对你、对你的产品、对你所处的行业有积极的态度；

4.他可能下一个大额订单；

5.客户是一个影响力的中心，他被行业里的其他人所尊重；

6.财务健康，能够迅速付款；

7.他的办公场所或他的家离你的办公室或你的家很近。

评价潜在客户合格与否最重要的一个问题就是：这是利用我时间的最佳方式吗？衡量方法就是你的精力的回报率。以下是一定要问自己的九个问题。

1.我销售的是什么？

学会从客户角度来看待自己的产品（可以采访你的 10 个客户）。我的产品是什么？客户的问题和目标？（我的产品如何用最低风险和最高回报帮助客户解决问题或实现目标的）购买我的产品后，客户最终得到的到底是什么？（我的产品与客户有什么关系，谈论的是使用后的结果）切记，人们购买的是他们期望购买后得到享受的感觉。

2. 我的客户到底是谁？

3. 我的客户为什么购买？看不见的好处才是客户购买的真正原因（如表6-1 所示）。

表 6-1　3-3-3 分析表

3-3-3	原因
写出人们购买产品的三个原因	
写出人们只从你公司购买的三个原因	
写出人们只从你手里购买的三个原因	

4. 我的客户为什么不购买？

客户是两面性的，他们有购买的理由，也有不购买的理由。你辨别出客户不购买的主要原因，并在客户提出这些原因时有效解决，同样重要。

5. 我的客户什么时候购买？

他是根据一年的预算提前购买吗？他是根据他的需求情况一年中都有可能购买吗？他是根据季节来购买吗？他是根据预算期限来购买吗？

6. 谁是我的竞争对手？

为什么你在销售中输给竞争对手？为什么潜在客户选择了竞争对手却不

是选择你？竞争对手在哪些方面比你更好？它们满足了哪些你不能满足的或者看起来没有满足的客户需求？竞争对手的弱点是什么？你怎样可以强调它们的弱点却对它们的优点不予理睬？怎样为你的产品或服务定位使得你的产品成为更好的选择？你要告诉潜在客户对他最有利的不只是某方面，还有其他许多重要方面值得考虑。从最开始开发潜在客户的时候，你就要知道潜在客户可能还会考虑谁，可能还会考虑哪些产品。

7. 谁不是我的客户？

哪些人不是你的客户？哪些人可以从某种产品中获得好处，但是却既不从我这儿购买也不从竞争对手那儿购买？任何产品最大的市场总是那些非客户们。苹果设计者们发现一个市场机遇：市场上的音乐播放器十分糟糕。这些播放器下载缓慢，而且仅能存储几首歌——这种播放器自然是比索尼随身听先进，但还算不上是数据时代的产品。2001 年下半年推出的 iPod 播放器彻底改变了这一局面，这款强大的音乐播放器由于使用极小的硬件，可以轻松放入口袋，而且其采用的一款名为"火线"（firewire）的苹果软件可以实现超速下载。

8. 我的潜在客户在哪里？

你要把更多时间用在潜在客户聚集的地方。

9. 潜在客户哪里找？

记住这个黄金链条：如果你向别人要了新的客户名字，并且进行了拜访，然后将情况汇报给那个推荐人，你就会持续得到推荐，而这会变成你新订单的稳定客户流。

30 秒激发兴趣话术

以下给到你四种 30 秒内激发客户兴趣的话术，你可根据自己的实际情况选用：

1. 震撼式开场话术；

2. 痛点吸引法话术；

3. 回答客户内心问题的话术；

4. 有效约见话术。

阻碍销售的消极因素

购买任何东西，客户都必须克服习惯和惰性的作用，除非对你的产品或服务有非常迫切的需求，否则习惯和惰性的力量会阻止潜在客户购买。

习惯的力量使潜在客户继续使用他的产品，即使他现在的产品比你的稍逊一点，但对比他需要把长期建立起来的使用习惯彻底改变并重新开始培养一种新的使用方法带来的不方便相比，太小了。

惰性主要指懒惰。人们并不喜欢改变即使这种改变是一种改善，而且他们还不停证明他现在的选择是最合理的。他们不是很愿意寻找新方法来使自己做得更好或更有效率。

必须给他一点震撼才行。

康宁玻璃有一个著名的 Top Sales 的故事。这个销售人员是全国安全玻璃销售量最高的一个人。当问他怎么开始销售谈话时，他说见到客户后会问一个问题："您有没有见过一种破裂后却不碎的玻璃？"潜在客户不相信有这样的玻璃，于是他从公文包里拿出一块安全玻璃来，放在潜在客户的桌子上，然后用一把小锤子重击它。潜在客户本能地往后退避以免飞起来的玻璃碎屑溅到身上，然而结果却没有任何玻璃碎屑。于是，这个销售人员就吸引了潜在客户全部的注意力，销售迅速加快了，销量迅速提升。

他在全国性销售会议上把这个方法和所有其他销售人员分享。从此，公司销售人员全都带上安全玻璃和小锤子去向客户演示。但是第二年，他仍然是全国的销售冠军。人们问为什么他还能卖那么多，他说在第二年他稍微改变了下销售方法，他走进潜在客户的办公室，问："您想看一种即使您用锤子击打也不破碎的玻璃吗？"然后，他把小锤子给客户，让客户自己击打玻璃。

仔细设计你的开场白，当销售谈话开始时你已做好一切准备。

客户为什么要听你说

"如果有一个已经被证明了的，可以在半年内把你的销售业绩提高 20%-30% 的方法，您感兴趣吗？"（销售）

"要多少钱"，"我不感兴趣"，"这不是我部门的事"，表明没找对人。

"那是什么？"（潜在客户）表示找对了人。

销售："那正是我想要和您说的。我需要占用你大约 30 秒的时间，向您解释我的产品，然后由您决定是否需要和我继续沟通下去，好吗？"

也许有销售会问，我是第一次见他或和他电话沟通，我怎么知道他的想法究竟是什么？在这里介绍给你两个方法。

1.SPI 公司研究发现，90% 的同一职位的人遇到的问题是相似的。如果他是一名销售总监，那他担心的问题几乎就围绕在销售业绩如何达标，销售管理人员的能力如何提升等问题上，所以，我们根据过往经验可以大致推断出来，或请教老销售或老客户也可以了解到。

2.如果不知道，就通过提问的方式来探寻，当然，如果是我们自己的推测，同样需要通过提问来证实。一般我们通过这个问题来确认：我们曾给和您同行业的客户解决过如下问题：1、2、3……不知道您属于哪种情况呢？

根据销售流程来看，我们千万不能在信任建立之前就开始直接介绍产品，因为这样会让你看上去更像个销售，没有人喜欢被销售，他们喜欢自己做决策。

回答客户没有问的问题

"我为什么要听你讲？"

"那是什么？"

"它对我来说有什么用处？"

"那又怎样？"

"（除了你之外）谁说的？"

"我个人能得到什么好处？"

有效约见话术

如果想提升客户的约见率，你必须得思考下面的问题：客户为什么要见你？如果见你对他来说既不重要也不是紧急，对他毫无意义，他为什么要见你呢？见你意味着要占用他的宝贵时间，现代人最宝贵的就是时间，所以你需要打动他见你。

如何打动对方见你？需要具备三个要素，我们也称之为 3P 原则。

目的（Purpose），"我们为什么要见面？"

过程（Process），"双方参与的角色与沟通的内容。"

收益（Payoff），"对彼此有什么好处？"

举例说明："王经理，希望我们能针对您关心的某某问题进行一次交流，主要想听听您关注的问题有哪些，遇到了哪些困难，然后一起探讨问题产生原因及解决方法，我也会给您一些同行业客户案例，以确保解决方案能够更好满足您的需求，同时也提高我们方案的针对性和有效性，您看本周三或周四您哪个时间段有空？"

制定目标

明确自己此次沟通或见面的目标，我们也称之为行动承诺。

之所以叫行动承诺，是因为要把目标变成具体行为，这个行为是客户为推动项目进展所做出的承诺和保证。说到行动承诺，必须注意以下三个问题。

1. 这个承诺不是我们给客户的，而是客户给我们的，它符合 SMART 原则，即它是具体的、可衡量的、现实的、与单一销售目标关联的、有时间限制的承诺（详见第 3 招 SMART 相关内容）。

2. 为了能达成沟通或拜访的目标，我们必须为自己设定两个目标，分别称为最佳行动承诺和最小行动承诺，如果对方没有答应最佳的，那就一定要实现那个最小的，否则这次拜访或沟通就没有达成目标，你就不能急着单方面往下推进，得找到卡住的原因。

《影响力》一书中，作者跟我们分享了一个案例。

20 世纪 70 年代，在美国有一个宗教组织，他们需要路人给他们捐款，但是他们的衣着以及他们的打扮让美国人觉得有点怪里怪气而不愿意出钱支持他们，他们就拿出了一套天才的解决办法。在一些公开场合他们会送一个礼物给对方，比如一本杂志或者是一朵鲜花，一不留神这个鲜花和杂志就塞进了毫无提防的路人的手里，或者是别在他们的外套上，哪怕他们说他们根本不要花，也没有办法还回去了。募捐者这时就会说："这是送给你的礼物。"然后，他们再问目标对象，要求对方向协会募捐，他们就比之前更容易地获得了对方的捐款。

这个故事告诉我们什么是互惠原理。在客户接受礼物以后，他会愿意购买本来不愿意购买的产品或者服务，免费样品不免费，人有送礼的义务，接受的义务，更有偿还的义务。我们收到别人的礼物，其实内心是有种补偿心理的，就会比较容易接受对方的一些要求。

互惠原理有一个演变的原则，叫作拒绝—后撤原则，当你先提一个大的要求被拒绝后，再提一个小要求，这个小要求就比较容易被同意。当你提大要求被拒绝后，对方内心是有补偿心理的，你再提一个小要求就更容易得到对方的答应，这也是为什么我们要准备两个行动承诺的原因。

举例说明：

（最佳行动承诺）下周三上午 10 点，希望王经理能够带领我们去见财务部门负责人，安排一次 1 小时左右的沟通会议，共同交流具体财务问题和期望，确认本次培训的需求和目标。您看可以吗？

（最小行动承诺）下周三前，希望王经理能够打电话把我引荐给财务部门负责人，以便我做个需求了解的电话调研，以明确本次培训需求和目标。您看可以吗？

3. 行动承诺是一个小目标，他是为单一销售目标（大目标）服务的。

至此，我们已经讲完见面前所有的准备，下一节，我们就要真刀实战地面对客户了，你做好准备了吗？

了解需求

区分理性动机和感性动机

第一动机是人们购买的基本原因，你的产品或服务能满足他的最低要求。汽车必须能够驾驶，照相机必须能够拍照等。

第二动机是人们购买的具体原因，这些原因是你的产品和他人的产品能够区别开来的一些附加因素，它们引发情感回应，最终带来购买决定，是某些特别的好处。比如，在租用办公室时，第一动机是在质量的前提下，停车位多少、大厦的吸引力、附近购物的方便性等。第二动机就更加精细了，涉及大厦的品牌、其他租户的质量、距离其他股东的家有多远等。80% 的办公室与公司总裁住所的距离都在 5000 米之内，这是个很微妙但却至关重要的因素。

关注客户的敏感点，你可以提问：

"如果你购买我的产品的话，你希望这个产品能为你做些什么？"

"什么情况下你才会义无反顾地使用我的产品？"

提问的重要性

在说服客户的过程中，向他们提供购买之前需要了解的信息至关重要。

记住：人们在感到困惑时会说"不"。但是你说的话永远没有客户自己说的话对他们更有说服力。无论什么时候你向客户提问题，他们都会在心里回答一遍，即使他们有时候不会说出来。

客户经常会向自己提问题，不管是不是他们内心的想法都会说出来，常见的问题比如：这笔单子划算吗？要花多少钱？这个销售是不是在浪费我的时间？这家公司会不会履行承诺？这个销售真的了解我的情况吗？

你无法控制客户如何回答这些问题，但是，你能影响他们问自己什么问题，这样，他们就能给出让你满意的答案。这就是提问的力量！如果你能让客户向他们自己提出合适的问题，接下来就更有可能听到他们说出你想听的答案。总而言之，在销售过程中，谁提问，谁就掌握了整个对话的主动权。

这个世界属于擅长提问的人。由于人们害怕失败和被拒绝，大多数人不敢要他们想要的东西。成功和幸福取决于你去要你想要的东西的能力和意愿。你要积极地、高高兴兴地、礼貌地、满怀期望地去要更多信息，去做销售拜访，去问客户迟迟不购买的原因，去问客户的真实想法是什么。在你经过所有努力终于把销售带到了最后一步，一定要推动客户做决定。最重要的是，也要敢于结束那些 say no 的订单。

当然，提问和倾听是一对"孪生姐妹"，如果你向客户提问后却表现出没有认真听的样子，那你的问题就不会对拿到订单有什么帮助。

"说"常常效果不好，但是我们销售人员却为什么喜欢说？有一个研究结果表明在一个小时的时间里面，销售人员说话时间占了 80%，而客户说话的时间不超过 20%，即便是在销售人员倾听客户说话的那 20% 的时间里面，其实也没有真的在听，很多时候他还在回味刚才自己说过的话，或在思考下一步应该怎么说。既然我们销售喜欢说，那说明"说"一定有它的"好处"。因为"说"让销售人员感觉讨论能够快速进行，可是对于达成销售结果真的更快吗？还有人说："我觉得'说'更容易、更安全。"因为"说"可以脱口而出，也可能不必深入的思考，可是对于获得客户的承诺更容易吗？也有人说："'说'更安全。""说"的时候销售人员掌控讨论，而提问则给了客户掌控的机会，从而让销售人员感觉风险较大，可是对于维护长期关系更安全吗？客户是否喜欢被强加许多信息？究竟什么样的方式是有效的？我们来做一个体验活动叫作"我要去西藏"。

小练习

如果你想去西藏旅行，请写出你的原因：

_____

_____

_____

_____

_____

我发现很多人都想去西藏或者去过不止一次西藏，可是他们背后的原因却不尽相同，有人说为了欣赏美丽的风景，有人说为了了解藏传佛教，有人说为了读万卷书行万里路，也有人说为了散心释放压力，有人是陪朋友去，有人喜欢做背包客，还有人说锻炼自己的吃苦能力等等。你会发现几乎没有两个人去西藏的原因完全一样，客户的需求和背后动机也是一样，可能没有两个客户是因为完全一样的理由来选择你的产品。今天，你是一名销售，你要帮助客户解决问题，如果你不了解客户背后真正的原因和动机，又如何能帮客户解决问题呢？

接下来，我们再来看看问题的两大分类。

如果你能够在有限的时间之内学会精准的提问，首先需要准备的一个有力武器叫作"提问清单"，你还得搞清楚问题的分类，以及在什么时候该多问哪一类问题。

记得那次我去济南做一个公益培训，我给同学们出了这道题，我说："猜猜老师在想什么？我纸上写了 13 个字，给大家 12 次提问机会，看能不能猜出我写的这 13 个字是什么，但有一个条件：不能提问"你纸上写了什么？"诸如此类的问题。我给了同学们一点准备时间，他们是这么问的：

1. "老师你提的问题是生活中很常见的事情吗？"我说："是我在现在比较关心的事情。"

2. "是对事物的问题还是对即将产生的行为想法？"我想了一下："是个客观的问题，什么时候的行为产生影响还不确定。"

3. "是吃穿住行哪个方面？"我回答："和吃穿住肯定没关系，和行有一点关系。"

4. "是和下一次的公益行为有关系吗"？答："和公益没有关系。"

5. "和当今的形势有关系吗？"答："没有。"

6. "和家人有关系？"答："也没有。"

完了，如果这么问下去的话，100 个问题都可能猜不出来，大家有没有发现提问的一点规律？

7. "能给一个话题的范围吗？"答："和旅行有点关系。"

8. "非常私人的方面吗？"答："私人的事怎么会拿到课堂上做练习呢？"我反问道。

9. "是一个人去做，还是大家一起去做？"答："一个人就可以了，大家一起去也行。"

10. "是关于国内旅行还是国外旅行？"答："国内。"

11. "是下一次什么时候来济南吗？"答："不是。"

12. "是关于选择的吗？"答："不是。"

我说再多给大家最后几个提问机会，同学们争先恐后举手。"是关于一个确定的景点吗？"我说："不是。"还有同学问："是什么时候出去玩吗？"答："不是。""是时间的选择还是地点的选择？我说："地点是确定的呀。""是最近有什么旅行计划吗？"我说："我确实计划去旅行，但不是我写的问题。""确定的地点是哪儿？"我说："敦煌博物馆。"这个问题感觉怎么样？"有时间限制吗？"我说："没有限定什么时间去，是先了解下情况。""是怎么去吗？""不是。""是几点关门吗？""不是几点关门，但非常接近了。"最后，有个同学问"是营业时间吗？"我说："是的。"其实，我这张纸上写的 13 个字是："敦煌博物馆的营业时间是几点？"

你觉得以上哪些问题提得好？好的问题有什么特点？有些问题是不是大大缩小了回答范围？其实问题本身没有好坏之分，而是要看你提问的目的是什么。在刚才的这个活动中，你是否需要先缩小范围？那应该问什么样的问题呢？比如，刚才有几个问题它是同一个类型的，像"和家人有关系吗？""和当今的形势有关系吗？""是和下一次的公益行为有关系吗？"这些问题我的答案会给什么？我的答案只会给"是"或者"不是"，这是同一类型的问题。另外一些问题同学们是怎么问的呢？比如："能给一个话题的范围吗？"我说："和旅游相关。""确定的地点是哪儿？"我回答："敦煌博物馆。"这两个问题是不是属于同一类型的呢？提完这类问题，我一般会给对方一个答案，而不是"是"或"否"。

我们可以先把问题分成两大类：开放式和封闭式。你需要知道在什么情况下问开放式的问题，什么情况下问封闭式的问题。

有一次，说到一个体育运动的项目，同学们就猜："是游泳吗？"我说："不是。""是羽毛球吗？""不是。""是乒乓球吗？""不是。""是跑步吗？""不是。""是打篮球吗。""不是。"……其实问了这么多，你只要问一个开放式的问题不就行了："老师，是什么体育项目呢？"结果你问了一堆的封闭式的提问。

让我们来区分一下封闭式和开放式的问题。如果这个问题的答案是一道选择题或是一道判断题的答案，那它就是封闭式的提问。比如"是不是""是这个还是那个"我只会回答"是"或者"否"或者是在你给我的选项当中的一个，这类问题都是封闭式的提问。那么，开放式提问有什么特点呢？一般来说它是 5W、2H 的问题，哪 5 个 W 呢？Why、Who、What、When、Where。2H 呢？How，How much 或者 How many 的问题，这些都叫开放式的提问，开放式提问也称之为记者式提问。为什么记者提问一般喜欢问开放式的问题呢？这跟开放式的问题的特点有关。开放式的问题，就是鼓励对方自由地回答，可以尽量让对方多说，会让对方感觉舒适。因为你没有限定、控制对方在一个范围之内回答问题，而且我们还可以获得大量的信息，可以迅速缩小问题范围。可是它也有局限，比如开放式问题可能耗时更长，对方有可能收不住。开放式问题的局限还有什么呢？容易失去重点。聊着聊着，引出的话题越来越多，最后难以确认需求。你有没有发现，如果刚才想要猜出我这13个字写的是什么，你一定少不了要问我至少一个封闭式的问题来和我确认。作为一名销售人员，你是否擅长在一次拜访或者沟通结束的时候，问一些封闭式的问题来和客户确认本次谈话重点呢？因为封闭式的问题也有他的优点，比如能让你谈话更加高效。因为被你限定在一个回答范围之内了，容易聚焦重点，易于确认需求。一开始，你可以多提开放式的问题，因为你要收集信息："您对这个项目有哪些要求"？"您期望这个项目怎么做呢"？最后，沟通快结束的时候你需要来一个封闭式的问题："我们刚才聊到了您的需求和您选择的标准，您说了某某，您看是这些吗？"当然，封闭式的提问也有它的局限性，比如说谈话会受到限制，客户会感觉到有点压力，信息获取是有限的，因为你框定了一个范围。如果时间紧迫，或者时间快结束的时候，是需要问封闭式的问题尽快收尾的，所以提问本身没有好坏之分，要看使用的场景和提问的目的（如图 6-4 所示）。

▶ 有效提问

	开放式提问	封闭式提问
优势	·鼓励自由回答 ·客户感受舒适 ·获得大量信息	·谈话更加高效 ·容易聚焦重点 ·易于确认需求
局限	·可能耗时更长 ·容易失去重点 ·难以确认需求	·谈话受到局限 ·客户受到压力 ·信息获取有限

图 6-4 开放式和封闭式提问优势与局限

我的一位朋友在一个面包店工作。有一次，他做一个客户访谈的调研，想了解客户喜欢的口味和客户对面包的一些要求，他是这么问的："您喜欢什么样的面包？"客户说："口味好，颜色也好看的。"他说："我明白了，谢谢。"回去以后，老板就问他："什么叫'口味好'，什么叫'颜色好看'？"他才发现，其实他提问没有提到位，还是很模糊。

如果你是他的话，当客户告诉你喜欢口味好颜色也好看的面包，你需要怎么继续提问呢？"您说的口味好是指？""您说的颜色好是指？"请问，这是开放式还是封闭式的问题？这是开放式的问题。到最后，你别忘记要跟客户再来个确认，怎么提问呢？"刚才您说到，您对口味好和颜色好的定义标准是某某，您看我理解得对吗？"这是开放式还是封闭式的提问呢？没错，这是封闭式的。学会提问，对一名销售来说是真正地去学会了解客户的需求，以及探寻客户需求背后的动机，只有这样，你才能够真正给到客户他想要的解决方案。

让我们来总结一下，提问的目的是什么？更精准了解客户背后的动机，可能帮助客户更好地解决问题。

提问的时候你觉得遇到的障碍有哪些？可能会觉得问比说更容易，但效果往往差强人意，所以要学会提问。

你有没有准备过提问清单？学会准备提问清单，根据提问目的和时间安排，有意识练习自己开放式和封闭式提问的技巧。

准备提问清单

本小节将和你分享以下内容：

1. 提供一份提问清单范例；

2. 提供一个提问清单工具。

如图 6-5 所示，这张图你肯定很熟悉，这是一个成语故事，叫作盲人摸象。当你没有看清全局的时候，如果摸到大象的身体，你会觉得它是什么呢？一面墙？如果摸到大象的耳朵，你会觉得是什么呢？一把扇子？或者摸到大象的尾巴，你会觉得这是一条蛇吗？这个成语故事给你什么启发？哪怕是给孩子补习英语的一次采购，可能也不是一个人就说了算的，爷爷奶奶、外公外婆、爸爸妈妈可能全部都要参与进来。爷爷奶奶的想法是不要让孩子太累，不希望强度太大了；外公外婆要负责接送，希望不要离家太远；爸爸妈妈希望效果好，希望全外教；甚至连孩子自己也可能会对最终的决策产生影响，比如喜不喜欢这个老师。越来越多的销售项目在今天变成多部门多人决策，老板也习惯让多部门分权制衡，这就给销售的提问带来了新的难度，我们不是对某个人提好问题就可以，我们要对项目中所有决策影响者提问，分别了解他们的想法。

图6-5　盲人摸象

　　面对客户的不同角色，你一般会问哪些问题呢？比如说，客户组织的目标以及业务的现状是怎样的？客户的认知与期望是怎样的？客户的动机和需求是什么？客户的预算情况等等，还有呢？客户的决策流程是怎样的？项目的进度和时间表？公司组织架构与绩效目标决策影响人有哪些？有哪些参与项目啊？可能会有一些什么样的变化吗？方案和客户的期望之间有什么差距？有哪些竞争对手？你在客户心目当中到底算什么样的地位？还有其他的一些未知信息。这些问题需要在项目的不同阶段，对不同的人去问。比如你要了解企业的战略目标，你问基层员工他会清楚吗？哪些问题需要在这次拜访中了解？最好向谁提问？这些都需要你做好相应的准备。

　　如表6-2所示给到你一个问题准备清单框架表。这个问题清单表可以分为两类，一类是有关客户个人认知与期望类的问题，我们统称为概念类的问题，什么叫概念类的问题呢？"概念"这个词其实来自西方，"概念"等于认知与期望。认知是指人们获得知识或应用知识的过程或者信息加工的过程，这是人的最基本的心理过程，它包括感觉知觉、记忆、思维、想象和语言等等。人脑接受外界输入的信息，经过头脑的加工处理转化成内在的心理活动，进而支配人的行为，这个过程就是信息加工的过程，也是人的认知过程。人的认知能力与人的认知过程是密切相关的，可以说认知是人的认识过程的一种产物，认识过程是主观客观化的过程，即主观反映客观，使客观表现在主观中，简单地用一句话来说明什么是"认知"，就是"我认为、我相信、我觉得"。它虽然是建立在客观的基础之上，但是对同样的一个客观的事实，每一个人的认知，可能完全不同。比如图 6-6 所示中，你看到的是什么？有人说是一个鸡蛋，有人说是 0 分，有人说是字母 O。人们的感觉认知可能是完全不一样的。

表 6-2　问题准备清单框架表

客户 认知与期望	WHY	客户概念类问题（主观）
	HOW	
	WHAT	
项目决策影响人 WHO		信息类问题（客观）
决策流程		
问题		
预算		
竞争形势		

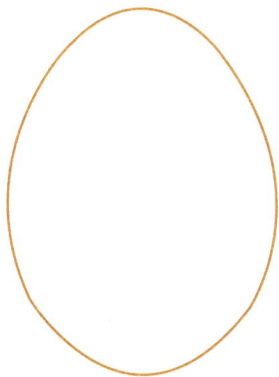

图 6-6　你看到的是什么

你觉得汽车空间大好不好？是不是优势？有人说"是"有人说"不是"。看到没有，人们的认知产生了差异。面对同一个客观事实，人们的认知可能是不同的，那人们的认知和事实哪个更重要呢？实际上，人的认知大于事实，人们是根据认知做判断和购买决策的。客户的认知就决定了他眼中的"事实"是什么。一种事实是客户真的不需要，一种是客户认为他不需要，而事实是"他是需要的"，客户的认知有偏差了怎么办？如果客户真的不需要，那我们就要允许客户 say no，但如果客户的认知有偏差，那么你就需要引导他说服他自己，改变他的"认知"，发现"事实"，通过什么方式来影响？提问就是很好的方式。比如客户不觉得现状不好，你怎么引导他改变认知呢？"和您同行业的客户告诉我，他目前遇到三大问题……不知道这些问题您是否也遇到过？"这时客户很可能被你引导到发现自己存在的问题，从而改变认知。

再来说说客户的"期望"。期望是指客户对某一产品或服务提供商能够为自己解决问题或提供解决问题的方案、方法、能力大小的预期，其实也是客户对于他这个项目做成以后的一个目标和希望。以上就是认知和期望的含义，统称为客户的概念。所以提问清单第一部分"客户的概念"比第二部分

"信息类问题"更重要，它是客户的主观认为，是客户的感觉，客户的想法，决定了客户是否购买的关键。

如表 6-2 所示，下半部分是信息类的问题，它更多的是偏客观类、事实类的问题。清单准备要分为这两大类。除了要关注到提问时分主观和客观类问题外，还要关注这些问题提问的时机和对象（有关"客户角色"请详见第 3 招的相关内容）。

如果你不准备问题清单，可能出现什么状况呢？比如"想哪儿问哪儿"，你很有可能会忘记提一些问题，当你要给客户做方案时，突然感觉有些信息不清楚，你会怎么做？你可能会打一个电话给客户，可是电话刚刚挂断，你突然想起还有一个问题没问，这时你不好意思再打电话了，你很有可能以自己的认知去代替客户的认知，瞎蒙一个写上去呗。自我感觉差不多，其实可能差太多……这样的方案匹配度可想而知。如表 6-3 所示为问题准备清单示例，供你参考。

表 6-3　问题准备清单示例

客户 认知与期望	WHY	王总，是什么原因让您对这个问题特别关注呢？
	HOW	王总，您希望此次培训怎么做来达成更好的培训效果呢？
	WHAT	王总，之前的培训形式存在什么问题呢？
项目决策影响人 WHO		本次培训哪些部门将参与进来呢？
决策流程		我们需要和哪些部门对接本次培训项目呢？
问题		贵司对我们的方案还有什么疑问吗？
预算		咱们最多可在本次培训项目中投入多少钱呢？
竞争形势		除了我们，还有哪些供应商会参与进来呢？

四类提问话术

当我们开始一次拜访，一般性我们都从寒暄开始，为什么寒暄？寒暄是不是为了暖场？暖场的目的又是什么？是为了让谁多说，你还是客户？接下来，我将把开放式和封闭式问题再细化为销售中的四类提问话术，按一次销售拜访这四类问题出现的先后顺序，将问题分为如下四类，再分别说说它们的适用时机和使用要点：

1. 暖场开放类问题；

2. 确认封闭类问题；

3. 信息收集类问题；

4. 想法感受类问题。

第一类是暖场开放类问题。如图 6-7 所示，很多人暖完场就直接切入正题了，这样会显得比较唐突，也可能对方还没反应过来，显得有些以自我为中心，所以在进入正式话题前我们要插入一类问题，叫作确认封闭类的问题，确认什么，如何确认？我们要就这次会谈的时间、会谈的目的、过程和收益进行确认，也就是之前的 3P 进行确认。比如说："王总你好，今天下午我会占用您大概一个小时的时间，主要聊聊您比较感兴趣的有关于培训体系优化的问题。在这个过程当中，将请您介绍一下您对培训体系优化的一些期望和想法，然后我会给您分享咱们这个行业的成功案例，对您来说可以了解同行业的一些做法，同时也可以再细化一下您的需求，对于我们来说呢，能够更深入了解您的需求，以便做出更有针对性的方案，更好地服务于贵司，您看如果这样安排的话可以吗？"

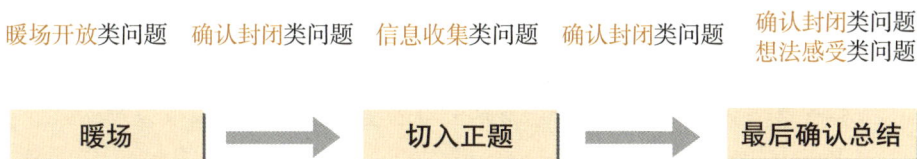

暖场开放类问题　确认封闭类问题　信息收集类问题　确认封闭类问题　确认封闭类问题
想法感受类问题

| 暖场 | → | 切入正题 | → | 最后确认总结 |

图 6-7　四类销售问题

"您看这样安排的话可以吗"就是一个确认封闭类的问题，一定要在暖场和进入正式话题之间给对方来个确认，所以第二个出现的是确认封闭类的问题。当然，确认封闭类的问题无处不在，只要你觉得当下需要"确认"，都可以提出，你会发现它可以穿插在不同的地方。当我们切入正题后，我们需要收集信息，这时会重点提"信息收集类问题"。最后，在拜访或沟通结束前不要忘记提"想法感受类问题"。什么是"想法感受类问题"呢？就是了解客户内心真实的想法的问题。为什么我建议你在后面再来提问这类问题呢？一开始，我们需要去跟对方建立信任，当我们还没有建立足够信任时，我们最好多问一些客观类的问题，对方更容易回答。当客户感受到了我们的专业、可靠，关系也拉近以后再问想法感受类问题，我们更容易拿到真实的信息。

四类问题都问完后，不要忘记再做一次最后的确认总结，比如："王总，今天我们主要谈了以下几个问题，1……2……3……有关对于未来的期望，您谈到……有关于下一步的行动，您谈到……您看是这样的吗？"这就是确认封闭类的问题。接下来，我按这四类的顺序，分别和你分享一下每类提问的关键点。

暖场开放类问题

请思考一下：你平时是如何暖场的？

有一次我陪着一个销售拜访客户，这个客户的走廊两边都贴满了各类团建活动的照片，我的销售边走边说："哇！张经理，你们的团队凝聚力好强，公司氛围真不错啊！"我发现，当时客户不知道应该如何回应他，气氛反而显得比较尴尬。后来才知道，其实这是一个联合办公点，这些照片是其他公司的。其实，当你这么说的时候，客户也知道你是在寒暄，是在套近乎，客户经常只能回应："呵呵，是的，谢谢。"然后，又陷入了更"冷"的境地。

你有没有这样赞赏过对方："李小姐没想到您这么年轻有气质啊！"如果对方真的很年轻很有气质，这么说的销售肯定不少，她会有什么特别感觉吗？如果她其实根本不是，而你非要这么夸的话，你觉得对方会有什么感受呢？回忆一下我们平时是如何暖场的？有些时候，我们会从对方感兴趣的话题开始，也会从此时此刻的观察开始，也可能从该人的业绩和特长开始，寻找共同的兴趣点或者是熟人以及客户关心的新闻，这些方式不是不可以，但往往我们说完以后，客户会回复"谢谢"两字，然后需要我们接着找其他话题。再说，未必客户感兴趣的这些话题你都很擅长，所以建议你尽量不要用陈述句去暖场，尽量提问开放式的问题来暖场，这样就可以很好地让客户把话接下去，让他说得更多，场子就变暖了。

有一次，我约到了一个企业的 CEO，他告诉我最多给我 15 分钟的时间，这种情况我应该如何开场呢？去之前我提前做了一些功课，了解到这位 CEO 的背景，他在所在行业很有知名度，我是这么开场的："李总，久仰大名，您在咱们这个行业做得实在是太成功了！您是怎么做到这么成功的呢？"真没想到，就这一个问题，客户一口气回答了我整整 45 分钟的时间，从他进这个公司开始说起，后来如何培养了整个团队，然后又是怎样一步步做到现在的这样一个成绩，好几次，我都看到他眼中闪烁着泪光……后来，我又趁机提了几个有关业务方面的问题，而且都是开放式的问题。结果，我们那次会谈整整谈了一个半小时，离开的时候，感觉到客户还意犹未尽，也许平时很少有人问这些问题吧，他真的太需要机会找人分享了。

如果销售通过提问引导客户说得更多，一方面可以收集到更多信息，更重要的是，你已经掌控了整个会谈的局面。

还有人说暖场就是多捧一下客户，其实，吹捧和赞美还是有区别的，我们要学会多赞美客户而不是吹捧，它们的区别是什么？

平时经常讲课的原因，学员也会跟我套近乎，有人说："老师，你气质真好！"或者说："老师，你讲得太好了！"一般情况，我会说声"谢谢"，会谈就这么愉快地结束了，但有一次学员说了几乎是同样的话，却起到了不同的效果。她说："老师，您气质怎么这么好啊？您戴的这根丝巾的颜色特别衬您的肤色，这根丝巾好像与众不同，我仔细看了一下它的花纹，好像是一幅艺术画，太特别了！老师，您这根丝巾在哪里买的啊？"说起这根丝巾，我正好有一个故事，我曾给某市一家非常有名的民间艺术家公司上课，于时我兴致勃勃地和她聊起这条丝巾背后的故事……怎么样？你能感受到吹捧和赞美的区别了吗？"赞美"比"吹捧"多了一个"细节"的描写，因为这个细节的描写，就很容易地把一句陈述句变成了开放式的问题，而对方很可能会接着你的提问说下去，只要对方开口了，你们就可以顺着这个话题聊下去，这暖场的效果就达到了，你学会了吗？

确认封闭类问题

第二类是确认封闭类的问题，它是四类问题中唯一封闭式的问题，有三种场合特别需要提这类问题，哪三种情况呢？

切入正式话题前。之前我们已经介绍过，要就"有效约见理由 3P"（详见本招"准备沟通"的内容）问一个确认封闭式问题，作为切入到正式话题的过渡。

一次，我约到了一个重要客户，见面前确认过会见面目、过程、收益和时间，所以就没太在意在第二天见面后再确认一次。一见面，对方就让我介绍一下公司和产品，我非常开心，因为前一天晚上就这个内容我准备了足足两个小时，对公司最新的 42 页 PPT 介绍已经非常熟悉。谁知，就在我介绍到第 32 页时，客户看了看手表，说道："不好意思，还有 5 分钟了，我要去开一个会，您看要不要尽快简要说说？"就算前一天确认过今天的会谈有一小时的时间，但忘记在开场时再进行确认，结果打乱了沟通计划，别说了解客户需求了，就连公司介绍也没做完。这当时是一次失败的拜访，后面也没有再见面的机会了。

当客户让你呈现产品或者方案时。不要直接开始介绍，否则就会像上面这个案例一样容易失败，特别是当你还不了解客户需求，还不知道客户到底想听什么时，记得要问一个这样的问题："在介绍我的方案或者产品之前，方便问您几个问题吗？"如果就这么直接开始介绍公司和产品，很有可能你说得越多错得越多，别以为你一小时滔滔不绝说的话他全都听进去了，事实证明，客户听进去的可能连 1/10 都不到。

拜访或沟通结束前。不要忘记对今天讨论的话题和内容做一个总结，这里面最最重要的是对下一步的行动的推进，我需要做什么，特别是客户需要做什么进行总结确认，客户的行动比你的行动更重要。

信息收集类问题

第三类是信息收集类问题。主要是针对客观事实来提问，是针对前面我们说过的 5W 和 2H 的问题。销售对这类问题是最熟练的，但特别需要注意的是不要连着问，因为这类问题提多了会有一个后果。

有一次，我帮一位朋友的朋友介绍工作，因为要了解对方的情况，我们就约在某处吃饭，同时顺便聊聊对方的情况。那位朋友坐下不久，我就开始提问了："你的中文全名是？""哪一年来上海的？""你现在哪家公司工作？""住哪里？""现在薪水多少？""哪个大学毕业的？"后来，这家伙看了我一下，他也问了我一个问题："姐，你以前是不是在派出所做过啊？"

当我们提问对方信息收集类的问题时，这个问题的答案到底对谁更有用？对方其实是在帮助我们收集我们想要的信息对不对？过多的提这类问题，你觉得客户的感觉是什么？没错，会带来回答的烦躁和压力，到最后他有可能都不太愿意回答你了。就算我们很擅长问这类问题，就算你准备好了提问清单，也切记不要一个接一个连着问，因为你给客户感觉像是在"查户口"。那你可以怎么问呢？这些信息还是挺重要的、需要进一步完善的对不对？当你提完一个问题后，一种方法是穿插一些暖场开放类问题和确认封闭类问题，另一种方法是你可以这样说，比如："这次的项目你的预算是多少？"当你一旦感觉客户不太愿意回答的时候，你就要跟进一个解释，比如："我想了解您的预算，没有其他的意思，您看，我们的方案有三类（如表 6-4 所示），他们的价格都是不一样，我想问的是我是应该给您按 30 万－40 万元的来做，还是 50 万－60 万元的或 100 万元以上的来做呢？符合您的预算，也是为了能节省双方沟通的次数，提升沟通效率，特别是节省您的时间，如果做了一个不太匹配预算的方案，肯定还要来回修改，那可能会耽误时间，还会影响到项目的实施呢。"你这么一解释可能客户也就理解了，也愿意告诉你了。这是信息收集类的问题所要注意的。

想法感受类问题

最后来说说想法感受类的问题。它也有三种适用的情境：当你想了解客户个人的感受，客户对他人的看法以及你想了解真正问题所在时。前面我们已经说过，客户选择我们不是因为"事实"，而是因为他认为的"事实"，就是他内心的感受、想法，所以想法感受类问题有时比信息收集类问题更重要。想法感受类的问题有几个固定搭配词，比如："您的感受是？""您的想法是？""您的期望是？""您的建议是？""您觉得呢？"

有效倾听

销售技巧中最核心的两项技能就是提问和倾听，你觉得是提问难还是倾听难呢？有人说，"听"有啥难的，我们每个人都长着两只耳朵呢。如果用 1–10 分给自己的倾听能力打分，你觉得自己可以得多少分？把这个分数先记下来，做完下面的练习再重新评估一下这个分数。

有效倾听分为三步，第一先做觉察，倾听和提问是分不开的，不问就没有听，不听也问不出来；第二步是了解 73855 定律，掌握交流时的重点；第三步是学习黄金四秒，销售倾听的重量级武器。

小练习

　　根据你正在跟进的客户，尝试用三种类型的问题分别提问来表达相同的意思，将客户的反馈记录下来，看看哪类提问方式可以让客户愿意更多地表达，有利于你的信息收集和信任的建立。

客户 认知与期望	WHY	确认封闭类问题	信息收集类问题	想法感受类问题
	HOW			
	WHAT			
项目决策影响人 WHO				
决策流程				
问题				
预算				
竞争形势				

倾听—觉察感受

你提问时状态放松吗？

客户回答时，你会不会在想自己接下来要说的话而未认真倾听？

听到客户说有需求时，你会不会打断客户，然后告诉他这个需求的解决方案？

你提问时语速是不是过快？

73855 定律

做练习前，我们还要来了解一下 73855 定律。73855 定律是心理学教授艾伯特·麦拉宾（Albert Mehrabian）在 20 世纪 70 年代，通过 10 年一系列研究，分析口头和非口头信息的相对重要性得出的结论，在人们进行语言交流的时候，55% 的信息是通过视觉传达的，如手势、表情、外表、装扮、肢体语言、仪态等等；38% 的信息是通过听觉传达，如说话的语调、声音的抑扬顿挫等等；剩下只有 7% 来自纯粹的语言表达。

对销售而言，在面对客户时需要做到：肢体 55%，保持目光接触，点头表示认同，客户表现幽默感时要微笑或大笑，面部表情要认真，身体微微前倾，边听边记录；语音语调 38%，"真的吗？""再跟我说说。""哇！""后来怎么了？"注意，使用需要有度，过于频繁，会让客户感觉不舒服，需要有节制地运用；内容 7%。重述，可重复对方的关键词，但不要一字不差。反馈，讲一个第三方故事，引起共鸣。

小 练 习

练习一

以下练习将结合你的提问和倾听能力，考察你的综合表达力。

销售人员："您现在面临的最大挑战是什么？"

客户："供应商能履行承诺，保证培训质量。"

以下哪种回复与你接下来要说的话最接近？

A."我们的产品质量在行业内数一数二，无论何时，都能确保品质。"

B."您公司在全国有多少家直营店？"

C."怎样的交付质量算合格？员工满意度还是其他？"

D."您的供应商没有交付合格的培训吗？"

在 A 的回复中，销售人员面对客户的需求，立即就开始了推销。这种回复看似最佳，实则不然，标准还不清晰。

在 B 的回复中，销售人员问了一个不相干的问题。销售人员问完问题后，得到了一些有用的信息，但是否应该再聊一会儿这个话题，以了解更多有价值的信息？也许是。

在 C 的回复中，销售人员认真倾听了客户的话，基于客户的回答，问了一个更加具体的开放式问题。这句话意思是说，"您再跟我说一下您刚才提到的这个问题吧。"更深入地提问有一个好处——销售人员可以利用了解到的信息让销售呈现更具说服力，也更易于拿到订单。要想达到这个目的，销售人员就需要向客户说明公司的培训项目运作机制如何确保达到客户想到的结果。

在 D 的回复中，销售人员把客户说的话的本质又抛回给了客户。如果客户继续说也是件好事，如果有情绪就让他释放出来，然后再

小练习

提更具体的开放式问题把对话引到购买标准上，当然，这个标准得对你有利，如果你也做不到，就想办法通过第三方故事修改他的标准。

练习二

销售人员："您公司在全国有多少家直营店？"

客户："101 家。"

以下哪种回复与你接下来要说的话最接近？

A."您今年的开店计划是多少家？"

B."101 家？"

C."我们全国分支机构有 150 家以上，能保证为您提供全国性的及时准确的服务。"

D."这么多家分支机构，在服务及时和准确性上有什么问题吗？"

在 A 的回复中，销售人员决定不去了解更详细的信息，转到了下一个话题。

在 B 的回复中，销售人员把客户的话又抛给了客户，这让客户刚打开的话匣子又关闭了。

在 C 的回复中，销售人员面对客户的需求，立即就开始了推销，除非客户只有这一个关注点。

在 D 的回复中，销售人员基于客户的回答问了一个更具体的开放式问题，这个问题能试探出这是否是客户的敏感点，是客户打算更换供应商的关键因素。如果不是关键问题，销售可以在后面弱化或省略掉。这个开放式问题也会促使客户向销售人员透露他在门店数量众多这个问题上的其他问题。

以上两个小练习是否让你感觉到倾听和提问是一体的呢？倾听体现了我们以客户为中心，帮助我们与客户间建立信任（详见第4招信任公式），也是为了收集信息从而提出更好的问题，进一步收集信息；收集信息是为了把客户需求与我们的优势匹配，突显我们解决方案的独特差异优势，客户一旦认可我们的独特差异优势，就树立了价值感，为后面的合作与在谈判中掌握主动权奠定了基础。

黄金四秒

问了一个问题后，在对方回答前需要保持沉默。在专业销售领域，你能使用的唯一的压力工具就是在问了一个关键问题之后保持沉默，这样的话，潜在客户最终会回答你的问题来打破沉默，美国加州大学心理学教授古德曼提出了著名的"古德曼定理"，简单的解释是"没有沉默就没有沟通"。

沉默可以调节说话和听讲的节奏。沉默在谈话中的作用，就相当于零在数学中的作用。尽管是"零"，却很关键。没有沉默，一切交流都无法进行。

故事一

爱迪生想卖掉一项发明，然后建造一个实验室。因为不熟悉市场行情，不知道能卖多少钱，爱迪生便与妻子商量。妻子也不知道这项技术究竟值多少钱。她一咬牙，发狠心地说："要两万美元吧"。爱迪生笑着说："两万美元，太多了吧？"一个商人听说了这项发明后，表示了兴趣。在商谈时，这位商人问到价钱，妻子不在家，爱迪生认为两万美元太高了，不好意思开口，只好沉默不语。这位商人几次追问，爱迪生始终不好意思说出口。最后，商人终于耐不住了："那我先出个价吧，10万美元，怎么样？"

爱迪生大喜过望，当场与商人拍板成交。

故事二

在法国国王路易十四的宫廷里，贵族和大臣们经常会因为政见不合而争执不休。此时，端坐一旁的路易十四不动声色地聆听着，表情漠然，让人难以猜测他的真实想法。待争论的双方各抒己见后，路易十四不置可否地说了一句："我会考虑的。"然后便转身离开了。"我会考虑的"，是路易十四面对各种请求时的答复之一。他的缄默寡言使大臣们猜不透他的真实意图，只好诚惶诚恐地听从他的命令。这样，路易十四的王权得到了巩固。圣西蒙描述他说："没有人像他一样懂得如何抬高自己的言辞、自己的微笑甚至是一个眼神。他创造了奇迹，威望也因寡言而得到了提升。"

在一些商业活动中，适时沉默也是一项有效的沟通技巧。很多商家经常利用"沉默"的原理，人为地制造出"沉默"的氛围，反而胜过千言万语的宣传。美国纽约国际银行在刚开张之时，为了迅速提升知名度，曾做过一则别具风格的广告。

一天晚上，纽约的市民们正听着广播节目。突然，全市所有的广播都在同一时刻播报了这样一则广告："听众朋友，从现在开始播放的是由本市国际银行向您提供的沉默时间。"接下来，全市的电台同时中断了 10 秒钟。一时间，纽约市民对这个 10 秒钟的沉默时间议论纷纷。于是，奇妙的沉默时间，成为纽约市民茶余饭后讨论的热门话题。与此同时，国际银行的知名度迅速提高，很快便家喻户晓。

在人际交往中，与人交谈是必不可少的交流方式，但在有些时候，适当的沉默比声嘶力竭的争辩更容易产生震慑的效果，令对方信服。沉默，既是一种无声的语言，又是一门人际交往中的绝妙艺术，达到"此时无声胜有声"的境界。懂得沉默的人，能够在谈话中以静制动，在交际中可进可退，掌握主动权；善于沉默的人，懂得掌握谈话的分寸与节奏，用沉默隐藏自己的真实想法与意图，让自己显得高深莫测，赢得对方的尊敬与信赖。

如果想要用言语慑服别人，说得越多，就越有可能暴露出缺陷，越发显得平庸，不能掌控大局，销售中说得越多不往往也是这样的效果吗？相反，适当的沉默能够帮助你有效控制自己的信息，让对方无法洞察你的意图，从而对你更加敬畏与信服。"沉默是金，雄辩是银"不正是说的这个道理吗？

几年前，我在企业担任全国销售支持总监，公司准备给全国销售做一场销售培训，我请来了一家外资的版权课程的培训公司，没想到这个销售带来了他们亚太区的销售总监，是一位老外。那老外能够说一口比较流利的中文。

来了以后，老外就问了一个问题："你们为什么在现在这个时候把我们叫来呢？"这问题还不简单吗？我回答道："我们要做一次全国销售人员的销售培训。"你猜接下来他是如何回应的？我的回答清晰地解答了他的疑问吗？显然并没有。他看着我点头微笑，什么也没再说，静默了几秒钟，我从他的眼神中似乎读出了三个字"继续说"，于是，我又补充道："我们行业的业务已经历了快速发展期，经过近二十年的发展，客户们越来越专业，产品也越来越同质化。去年，公司研发了一些新的产品，我们希望全国两百多名销售们能对我们的老客户进行二次甚至 N 次开发，我们需要学习一些销售的策略和销售技巧，能够达成我们今年的销售业绩。"当我说完以后，只见客户仍然点头微笑，仍然是什么也没说，他似乎还在说"继续说"……接着，我们的 CEO 把话接了过去，具体说了什么我已经忘记，但是在回答他这个问题五分钟后，这位老外终于说话了："I see，I see。"于是开始介绍起他们的产品。他并没有全部介绍，而是选了他们十几门销售培训中的一门课，而那门课正好就是我们所需要的。好厉害！不愧是做销售培训的，后来学了他的课，我才知道他所用的技巧正是黄金四秒法。

黄金四秒法究竟是如何使用的呢？当销售提出一个问题以后，等待客户回答，需要等多少时间呢？3–4 秒钟。为什么是 3–4 秒钟呢？古德曼研究发现，提出一个问题等待对方回答时，对方需要接收、思考，并翻译成语言，这段时间大概就是 3–4 秒钟。所以不是客户不愿意回答你，是他正在思考，你要给他这个时间。有时候我们因为怕尴尬怕冷场，结果你很快地把话头接过去的后果就是客户可能就不再回答你了。如果你等够这个时间，你会发现一个奇迹，客户不仅会回答你，当你反复使用这个技巧，还可能让对方的回答变得更加细化，可以增加客户反馈的次数和长度，让信息更加可靠，也可以给你预留更多的思考的时间，让交流更充分，这就是黄金四秒的妙处。

"超级销售沟通术 = 有效提问 + 专注倾听"，学会提问和倾听，提升你的超级销售力，让你向精英销售继续迈进了一步。

呈现价值

如果我左手拿着农夫山泉，右手拿着星巴克，你能告诉我哪个价值更高吗？是不是价格低的，价值就一定低呢？

价值销售，是指把客户的注意力由商品的价格转移到商品的价值上，通过向客户提供有价值的产品或服务的一连串价值创造运动而达成客户销售目的的销售方式。所谓的价值，是指客户认可的价值，只有客户认可的优势才是你真正的优势，只有客户认可的价值才是你真正的价值。从这角度，农夫山泉的价值有没有可能超过星巴克呢？什么情况下可能超过？

价格与价值

我们先来看一下价格和价值的联系，来做个填空练习。一个填"价格"一个填"价值"。

如果你不能帮客户看到 ____，那么客户只能用 ____ 来做购买的决策。

没错，前面填"价值"，后面填"价格"。

有一次，我要坐高铁到外地讲课，那天，在打车赶往高铁站的路上异常拥堵，下出租车的时候，我已经急出一身汗。一下车我就狂奔起来，安检时有好心人让道，我终于及时赶到了候车室门口，看到前面排着的长队缓缓向前挪动着，这时才发现刚才跑得太急了，嗓子好似冒着烟般得难受，此刻的我最需要的是什么？是一瓶水还是一杯星巴克呢？当时就算送我星巴克我也未必喝得进，因为我的需求是解渴，喝咖啡只会让我越喝越渴。你的产品再好，也需要卖给需要的客户，对于不同需求的客户，你的价值本身就是不同的。

我们再来看下面这张图（如图 6-8 所示），看看什么叫价值联系。

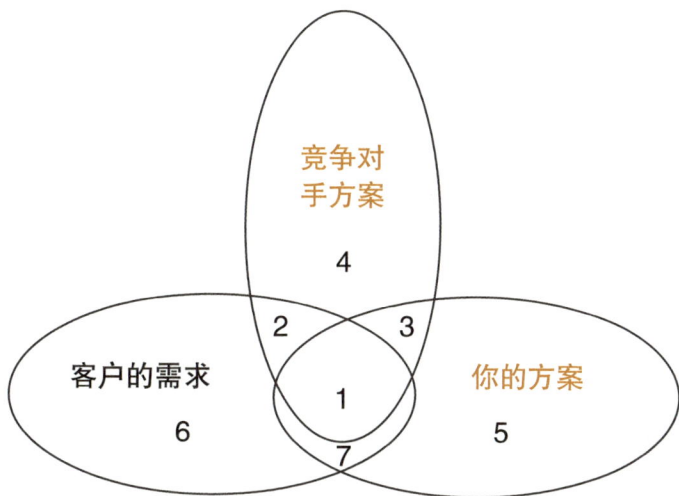

图 6-8　价值联系

假设，你客户的需求是 1267，竞争对手的方案能够实现的是 1234，而你的方案能够做到的是 1357，那么现在你需要突出哪个功能更凸显你的价值？是不是 7？为什么呢？因为 7 是客户需要的，而竞争对手没有，恰又是你可以做到的。不仅如此，你还需要帮客户诊断一下，看看 7 是不是对客户来说是最重的需求。很多时候阐述价值时，你甚至不需要把你所有的价值全部说出来，只需要把重点放在 7 上，就足以打动客户选你。回忆一下你又是怎么在呈现价值的呢？竞争对手把重点放在了 2 上，客户就追问你 2 能否做到，只要你顺着 2 说，对客户来说你就没任何价值优势。

差异化优势

我们一直在强调要呈现差异化优势，那究竟什么是差异化优势呢？所谓的差异是对客户还是对竞争对手而言呢？一定是和竞争对手相比的。那所谓的优势又是对谁而言的呢？一定是针对客户的需求的，是需要客户认可的。

如果客户问你"你的优势是什么"普通销售是这么说的"我们的公司最大""我们有品牌知名度""我们服务及时""我们技术先进""我们服务网点多""我们用户最多""我们市场占有率第一"，可客户在想什么？这跟我有什么关系啊？因为几乎所有的销售都会这么说。你说"我的品牌很好"，这对客户到底意味着什么？如果他听不懂，对不起，他不会认为这是你的优势，就这么自动忽略了。

小练习

判断以下这些哪些是优势，哪些是弱势（见附录参考答案⑧）。

1. 你是卖汽车的，车内音响效果很棒。

2. 你是卖房的，卧室特别宽敞明亮。

3. 你是卖工业设备的，该设备对温度的灵敏度特别低。

4. 你是卖电脑的，电脑运行速度特别快。

5. 你是 K12 教育培训机构的，你们的老师全都是全职的。

销售中对优势的定义是：只有客户认可的优势才是优势，只要客户没有认可都不是优势，都是弱势。

有个学员是卖汽车的，他说他每次介绍都会突出汽车空间大，难道这不是优势吗？还真可能不是。如果汽车空间大都是优势，那么谁买 Smart 呢？如果客户说我希望停车方便，我希望上路后变道方便，那空间大自然不是优势。销售当中普遍存在一个现象，就是把你的"以为"认为是客户的"以为"，你一定要跟客户去确认他需要什么，他需要的正好也是你拥有的才是你的优势。"优势"和"弱势"后面藏着一个人，是这个人把某一个"特性"定义成了优势或弱势，而不是产品本身决定了是优势还是弱势，这就给了我们一个思考问题的方法，那就是通过产品的调整来调整站在产品背后的人，让那些认可你的优势的人发挥更大的作用，这个属于策略的范畴，你可以回到第 3 招再学习。如果现在没有办法调整人的情况下，客户需要看到他认可的优势怎么办？首先，你的方案和他概念之间需要有联系，他为什么要认可、同意赞同支持你的方案？因为你的产品 get 到了他内心的认知和期望。所以我们在做方案的时候，一定要把他拉进来，让他给我们提些建议，把他的想法揉进去，这时他才会认为这个方案是他的，至少是你和他共同所拥有的，如果你的竞争对手来诋毁你的话，他一定不接受，因为这就是他的东西，谁会说自己东西不好呢？在销售中有一句话我们是这么说的："客户因为相同而接受你，因为不同而选择你。"这个"相同"指的是你理解客户的需求，这个"不同"指的就是客户的决策是基于差异的。

我曾给某知名品牌的工装定制企业做培训，我请销售说出他们相对于竞争对手独特差异优势，学员告诉我，他们拥有某一项专利技术，当时说了一个代码，我着实没听懂，就问："这个技术对你的客户意味着什么？"学员解释道："我们的这个技术的最大特点，就是你的衬衫洗好以后是可以免熨烫的。"你看多好的一个优势啊，如果你用客户听不懂的话来说，这个优势就会被自动忽略掉。

不要忘记，只有客户认可的优势才是你的优势。

呈现独特差异优势——NBA 法则

再来说说独特差异优势的定义。独特差异优势一定是针对客户的认知和期望的，也就是客户关注和认可的，它包含三个方面的含义。第一，"什么是我们的独特差优势"，我们这个优势是针对客户需求的；第二，"该差异优势对客户意味着什么"；第三，"何以证明"。本小节，我要给你一个叫"NBA法则"的工具来呈现我们的独特差异优势，通过一个案例，讲解下这个工具如何来使用。

近几年，我的腰椎间盘突出的毛病越来越严重，我希望能买一款适合我坐的沙发，如果还能有治疗功能就更好了。那天，我跟家人去某知名的家居卖场买沙发。我们来到了第一家，这家是卖德国家具的，店里放了好多款式不错的沙发，营业员了解到我们是来买沙发的，就介绍起店里的几款样品，哪款卖得最好，哪款是今年最新款，最后说："这几款都不错，应该都蛮适合你们的。"当他特别提及他们的沙发坐下去很柔软，整个人都可以被包裹进去时，我就跟老公偷偷使了个眼色，找了个理由匆匆离开了，为什么呢？因为我的认知中腰椎间盘突出这毛病是不能坐软沙发的，这个营业员是用一种传统的销售方式面对她的客户，我们的认知与期望她完全忽略了。我一直认为柔软的沙发我坐不了，我的期望是可以改善我久坐的腰部疼痛感，这些她都不清楚。

当我们来到第二家时，也很巧，和第一家一样也是一家德国品牌，皮质是德国产的牛皮，同样非常柔软，来看看营业员是如何改变我的认知的。营业员问道："您想买什么样的沙发？"我说："我有腰椎间盘突出，是不是不能坐沙发？"他说："恰恰相反，我们现在有一款专利产品，就是专门针对腰椎间盘突出患者的，您有兴趣详细了解一下吗？"我一听当然很感兴趣。营业员介绍说，这个沙发有专门可以把患者腰部拖住的设计，腰部可以如何免受挤压，而且有可选的按摩功能，是如何改善腰部周围肌肉群的紧张，还有锻炼腰部肌肉的功效，从而如何帮助改善腰部疼痛感的。虽然我不知道他说的到底是否完全符合科学原理，但他提供了不少和我有同样情况的客户的回访记录。营业员跟我描述了一个腰椎患者如何坚持每天坐他们的沙发按摩，改善效果明显，最后把家里全部沙发都换成他们品牌的故事。看到这么多成功案例，我和家人当场就确定购买了他家的沙发。营业员的这种介绍方式，让我们感觉特别舒服，正是符合了 NBA 的优势呈现法则。

NBA 指的是什么呢？ N 是指客户的需求，也就是说，在呈现优势之前，你要去了解客户的认知期望，他的需求是什么；B 指的是 benefits，带给客户的利益，也就是"意味着什么"；A 是优势和特性，它包含了独特优势，以及证明的方式和证明的材料。现在请你用 NBA 法则，完成如下背景的练习。

小练习

　　根据如下背景，用 NBA 法则完成如下表格来呈现优势（见附录参考答案⑨）。

　　背景：客户有腰椎间盘突出的毛病，希望改善疼痛状况。

　　某品牌按摩椅来自德国，按摩功能可减缓疼痛，逐步改善症状，德国产牛皮，皮质柔软透气，材质好，工艺好，质量有保证，保修专业、时间长。有很多客户的信息，在电话跟进后，满意度 90% 以上，还有客户赠送的锦旗等。

NBA 法则呈现优势

–N– 客户需求	–B– 带给客户的利益	–A– 优势 特性		
客户 认知 / 期望 / 需求	意味着什么	独特优势	何以证明	
			证明方式	证明资料
Needs	Benefits	Advantages Features	Evidence	

　　请你根据背景描述，分别将相应的内容填到 "N" "B" "A" 的相应表格中。

处理顾虑

本小节将给到你两种方法处理顾虑。第一种顾虑确实解决不了，那我们就用"坦诚面对问题，用其他价值淡化弱点"的方法；第二种顾虑是可以解决的，我们就用"SC-SC"法来处理。

潜在客户最感兴趣的第一是他自己，最后是他自己，永远是他自己。

当潜在客户开始和你分享他的顾虑和不愉快的经历时，你要认识到这就是你们之间建立信任的机会。鼓励他，让他把他的问题全部说出来："然后发生了什么？""哦，那你做了些什么？"如果可以的话，就一直说这样的话："我完全理解你的感受，如果我是你的话，我也会有同样的感觉。"有时，他真正想要的就是有人理解他，被他人理解的需求是人际关系亲密的基础，它也总是伴随着良好的销售关系。精英销售常被客户们描述为："他真的了解我的处境。"

小练习

找一位搭档，你们两人一位是 A 角色，一位是 B 角色，双方开始辩论，一共 5 分钟时间。A 方观点：在销售中，客户开发比客户跟进技巧更重要。B 方观点：在销售中，客户跟进技巧比客户开发更重要。

你说服对方接受你的观点了吗？在课堂中，一旦有学员说："我说服了对方。"我就会去问对方是否被他说服了，对方的回答往往是"没有"，为什么呢？有人说时间太短，时间短我同意，但如果再给你 15 分钟，你就一定能说服他吗？也不一定。问题的关键是用辩论的方式真的可以有效说服对方吗？回忆我们在处理客户顾虑时，我们都在干嘛？我们经常是在跟客户做解释，我们经常说："（不是这样的）让我跟你解释一下。"辩论不是一种有效的沟通方式。在辩论赛中，双方没有人会被对方说服，辩论赛当中需要说服的是第三方，需要说服的是评委，所以辩论并不是一种有效的沟通方式，因此在处理客户顾虑的时候，你不能去反驳对方的意见，哪些行为是变相的"反驳"呢？解释、辩解、争论都是一种反驳，是无效的沟通。那如何来处理客户顾虑呢？

处理顾虑之"坦诚面对法"

第一种方法简称"坦诚面对法"，它适用于客户顾虑是我们目前解决不了的问题。它有三句话术。

1. 提问以了解客户的顾虑

如果你从客户的肢体语言，或者是表情动作，又或是客户回答问题的方式中发现了客户有顾虑，这时你得通过提问了解客户的顾虑是什么。比如："在服务方面您具体的期望是……"这是第一步，提问了解客户的顾虑，提完问题以后一定要去倾听，尽量让客户说完，不要去打断他。

2. 对客户的顾虑表达理解

"售后服务的确很重要"，一定要去理解客户的顾虑。

3.重提客户此前接受的其他价值以淡化弱点

比如，可以这么说："我们此前沟通的你喜欢我们的 abc 等价值，那综合看来您是否还仍然愿意考虑我们的产品呢？"

在使用这个话术的时候要特别的注意，首先，我们客户的顾虑是真实的，也是我们确实做不到的。其次，要建立在我们对客户需求非常了解的基础之上，最好能知道她对这些需求的排序，虽然我们做不到这一点，但是它不是客户需求中非常重要的一点，如果这点正好是客户最看重的需求怎么办？没有办法，有可能当初你在筛选目标客户的时候方向就不正确，或者是当你发现他不是你目标客户的时候，你没有及时放弃。销售当中也经常有一句话叫作"损失最小的失败者是最早退出项目的，而最后一个退出的是损失最大的。"如果知道自己要丢单，那早丢肯定比晚丢要好。

举例来说明我是如何应用上面的三句话术的。

我们公司的产品是提供一种人力资源的服务项目，价格不是行业内算低的，大概属于中上水平。当时，我谈的一家客户是有合作供应商的，前面沟通的挺好但一直拖着没有签约，我准备向客户了解原因，我说："对于我们之间的合作，您还有什么想法吗？"客户说："如果更换供应商的话，你们的价格比我现有供应商要高，我跟公司比较难交代，如果你们能做到跟他们一样，那我们可以马上签约。"我是这么回应他的："的确哈，价格的确是很多企业考虑的一个重要因素，非常理解。"不过，我也知道按客户的情况，我们的价格几乎也没有下降的空间了，那我该如何向客户体现出价值来淡化我的"弱点"呢？我说："我们的价格高的原因是因为我们的成本高，成本为什么高？为了保证降低差错率，我们的客服人均的服务人数仅为行业的 2/3，差错率减少正是员工满意度提高的原因，您对现有供应商不满意不就是因为这个吗？如果我们的服务品质跟他们一样，估计您也不会做更换，成本提升换来的是服务品质的提升，它保证了我们可以提供向您承诺的服务。您觉得如果是这样，是否还会考虑和我们合作？"我在这段通话当中，强调了他在意的服务品质是他需求当中非常重要的一点，也解释了我们的价格高的原因，从而淡化了我们的弱点，成功地处理了客户的顾虑，最后客户还是跟我们合作了。

小练习

练习一

用"坦诚面对法"练习处理客户的顾虑，某真实客户案例（见附录参考答案⑩）。

客户背景：公司的人员流动力比较大，在全国各地都有一些员工的劳动仲裁的案子，如果他们自己去处理的话，成本是比较高的，他们要出差到当地，而且对当地的法律法规也不是特别清楚。产品是社保缴纳＋代发工资服务，客户现有的供应商可以帮他们垫付工资，账期大概是 20 天，我方不能垫付工资，但我方可以提供额外的一些服务，比如免费的法律咨询，还有代为出庭劳动法的争议案件等等。请用"坦诚面对法"的三句话术来处理客户的顾虑。

练习二

用"坦诚面对法"练习处理客户的顾虑。客户顾虑确实是自己的一个弱点。

　　两个人一组，总共进行两轮，轮流扮演销售人员和客户。把自己此前写下的"客户表达过的顾虑"的纸条交给练习的伙伴，假定该顾虑确实是个弱点，你或者你的公司无法短期内解决该问题，对方扮演客户表达纸条上的顾虑，你扮演销售。在练习的过程中，客户的扮演者要反馈三个技巧步骤是否都使用到了，是否展现了坦诚，每一轮的练习是 3 分钟的时间，总共 6 分钟。

处理顾虑之"SC-SC"法

　　接下来，我们来说说第二种处理顾虑的方法——"SC-SC"法，它适用于客户顾虑是我们目前可处理可解决的情况。

　　记得有一次我去商场买化妆品的经历。我经过 A 柜台时看到他们正好在搞促销活动，看了一眼力度还挺大，比平时便宜了很多，想想自己家里的化妆品也用得差不多了，可以考虑买一套。不过，一般我买东西也不会只看一家，所以当对方问我要不要时，我说考虑考虑。这时，营业员也没多说啥。随后我来到了 B 柜台，A、B 两个品牌差不多的定位，平时价格也差不多。B 柜台的营业员也拿出了一套正在搞促销的化妆品，我看了以后觉得不满意，为什么呢？两家产品其实差不多，B 的价格比 A 贵了不少，正在我准备离开并返回 A 柜台时，B 柜台营业员也问了和 A 柜台营业员同样的问题,他说:"您要不要来一套?"我说:"再看看吧。""再看看"意味着什么? B柜台营业员厉害就厉害在这里,他发现我似乎有顾虑,马上就问道:"您对我们这个产品还有什么不满意的地方吗?"他这么一问呢,其实我并不想回答他,但想想他也为我忙前忙后了好一会儿,于是还是如实相告了:"你们价格太贵了。""价格太贵了"是个表象的问题,他接着说道:"我非常理解您的想法,对客户来说价格是肯定要考虑的因素,不知道是什么原因让您觉得我们价格贵呢?""价格贵"是一个人的认知,未必一定是事实,人的认知都可能产生偏差。于是,我把刚才去过A柜台的事告诉了他,我说:"A柜台东西跟你们差不多,但是你们贵了不少。"当我说完后,只见他打开了一个柜子,从柜子里面取出了一套包装很精美的小样,他说:"这个是我们VIP客户才有的,今天您是我开门的第一个客户,我也非常希望能够做成您这笔生意,我给您特别申请一套VIP客户的礼品吧,您看一下这些您喜不喜欢?"哇,这么多小样,还有我特别喜欢的眼霜。我大概算了一下,这些赠品的价值加进去的话,性价比反而是B柜台更高呢。结果,我当场刷卡购买了B柜台的产品。B柜台营业员正是用"SC-SC"法完美地消除了我的顾虑。

我们来看看上面案例中B柜台营业员是如何使用"SC-SC"法的。

"SC-SC"使用前要先学会观察,及时发现对方有顾虑,一旦发现,马上要用提问的方式了解对方当下的顾虑是什么。"SC-SC"中第一个SC的含义:S代表share同理心,话术是:"是的,我很理解您的想法,其他的客户也曾经提到过这一点。"表示对客户的理解,此时客户已经感觉到被接受了,所以接下来他会更愿意去说出他内心的真实想法。C是clarify探索,话术是:

"是什么原因让您有这样的想法呢"。不要觉得这句话是多余的，如果不知道背后的原因，我们就没有办法真正解决这个问题。比如刚才我说的"价格贵"，"价格贵"背后会有不同原因，"价格贵"可能是因为我的预算有限，如果他没有办法给降价的话，我就不是他的目标客户；"价格贵"的原因也可能是比别人贵，这时他也不一定要降价，可以提供一些增值的服务给我，或用其他有价值的东西做交换，就算降价也要知道降多少合适；又或者我的"价格贵"是一种错觉，是我计算错误了呢？

"SC–SC"中第二个 SC 的含义：S 是指 story 故事。在这里，我们要讲一个第三方的成功故事。刚才买化妆品的案例中 B 柜台营业员没有讲成功故事，但他用自己的行为告诉了我他的处理方法是什么，第三方成功故事的话术是这样的："我有一个客户有过跟你一样的想法，后来我们是这样这样帮她解决的……"C 是 confirm 确认，一定要跟对方来个终极确认："您觉得这样处理可以吗？"很多时候，必须要通过确认的方式来看客户的顾虑是否在当下被我们处理掉了。如果未被处理掉，你可能需要再使用一次"SC–SC"。

某客户已经进入到快签约的阶段，对我方的方案也是比较认可的，可是，客户迟迟未签约，他说："快到春节了，我们比较忙啊，春节以后再说吧。"明显客户现在可能有什么顾虑，当然，春节前也可能真的很忙，还有没有其他原因导致拖着合同不签呢？我问他还有没有其他什么原因，他说："现在真的是人手不够，咱们这个人力资源产品是要做系统对接的，可是系统对接的话呢，就需要我们人力资源部的人先要熟悉你们的系统，我们还要培训其他部门的人，另外，我们还需要把之前的一些数据录入系统，年前实在来不及啊。"确实没错，一般在合作的前三个月，客户方的工作量是增加的，虽然他们知道跟我们稳定合作后的效率肯定是提升的。他告诉我说，确实没有其他的原因了，就是人手不够。我说："我很理解您的想法，很多客户都会出现害怕前几个月忙不过来的情况，我们曾经是这样帮客户解决的，我们派实习生常驻客户公司 2-3 个月时间，这期间，我们帮助对方做培训和系统录入的工作，让客户很快适应这套操作流程，以最快速度帮助客户渡过磨合期，一旦进入稳定合作期工作效率就被大大提升了，再也不会出现连年假也休不了的情况了，不知道您觉得这种方式可行吗？"当然我也强调了如果年前不能签合同，实习生的资源可能就保留不了，客户想了一下，觉得这个主意非常不错，双方就在 1 月 1 号之前签约启动了。

小练习

针对你目前正在跟进的一个客户，列出处理客户顾虑的话术，根据客户顾虑用"SC-SC"法处理客户的话术，至少要练习三个客户。

处理顾虑之回应价格问题

最后，再补充几种常见的顾虑情境，特别是对价格敏感的客户如何应对的方法，供参考。

1. 没有说出来的反对意见

你在销售过程的早期阶段和客户建立了非常棒的关系，你让潜在客户最终给你反对意见就会相对容易一些。当潜在客户不愿意继续往前推进销售，也不愿意告诉你为什么时，你可以问他："看起来还有些问题让你犹豫不决。你能告诉我是什么问题吗？"

2. 当价格阻碍成交时，愿意支付和有能力支付是两码事

他们之所以告诉销售人员价格太高只是根据他们过往的经验，他们发现这是最容易把一个销售人员打发走的方式。你要找到能将你的产品区别于其他产品的非价格因素，然后把你的销售陈述集中在潜在客户能获得的好处上面，而不是他支付的价格。价格几乎从来不是客户购买的主要原因，你们中谁只买最便宜的东西？

3. 在合适时机适当的谈论价格

如果潜在客户坚持现在就要知道价格，你可以说在了解他的具体情况之前你不清楚到底是多少钱。"我就可以给您一个相对准确一些的报价，您介意我问您几个问题吗……"

我曾对我的客户说："我想知道你是否希望自己的公司在接下来的六个月内销售业绩迅速提高 20%~30% 呢？"对方经常是销售经理或总监，他们总是很忙，没多少耐心，一般会总是："要多少钱？"如果我马上报价，他们就会立即说："我现在付不起这么多钱。你可以寄一些材料给我，如果需要的话我们会再和你联系。"我很快就解决了这种价格问题，在电话中，我不会给出我服务的任何信息，对价格也只字不提。当潜在客户问多少钱时，我就这样说："啊，这是个很有意思的问题，如果这个培训项目对你来说不合适的话，就不需要钱。"电话那头会出现一阵沉默，接着他会说："你是什么意思，不需要钱？"我坚定的回答："如果您不喜欢的话，是不会购买的，对吗？"他会说："你说得很对，我当然不会！"然后我会继续说："如果不购买的话，当然就不用钱了。如果您现在有几分钟时间，我可以大概跟您

说一下其他公司销售团队遇到的问题，然后由您来决定需要继续做深入沟通，您看可以吗？"

4."您做出购买决定只考虑最低成本，而不关心这个产品的质量、耐用性、吸引力、便捷性、服务、后续支持、保质期或者产品的使用寿命吗？"

价格和成本之间有着重大区别。价格是你一开始购买这个产品要花的钱，成本是在这个产品的整个使用寿命中你要花的钱。价格和成本是对付价格问题的关键。如果你销售的是更加昂贵的产品，你必须用它整个生命周期的成本来向客户陈述。用漂亮的数字、无懈可击的推理方法，把潜在客户的注意力从最初的价格标签转移到他真正能获得价值和付出的成本上来。

顾虑处理之结束交易法（关门法）

你走到门边，把手放在门把手上，就好像要开门离开一样。这时，看起来像经过了一些思考一样，你转向潜在客户，说："在我离开之前，顺便问一下，你能否帮我个小忙？如果你告诉我在这次销售陈述中我有什么地方做得不妥，对我拜访下一个客户将非常有帮助。你不购买的真实原因是什么呢？"然后保持沉默，微笑。通常，这个现在已经完全放松的潜在客户，会给你真实的原因。此时，你可以将手从门把手上拿下来，对他说："这是我的错，很显然我没有向你解释清楚我们的这个项目。如果占用你几分钟，我会向你解释清楚我们在这方面是如何做的，然后你再做最后决定，可以吗？"

事实证明，这种方式非常有效，在最后关头尝试一下吧，说不定可以帮你拉回一个大单。

推进成交

精英销售需要提升观察力，觉察力，学一点读心术销售法，将大大帮助你推进成交，提升你的超级销售力。

读心术是通过观察客户的肢体语言的细微变化，瞬间洞悉客户的心理，进而准确找出应对的办法，让你掌握读心术，准确把握客户心理，战无不胜。我们将从眼、神、手、脚四个部位动作向大家分享客户心理。

先来说说人类心灵的窗户——眼睛（如图 6-9 所示）。

眼球移动模式，观眼知心

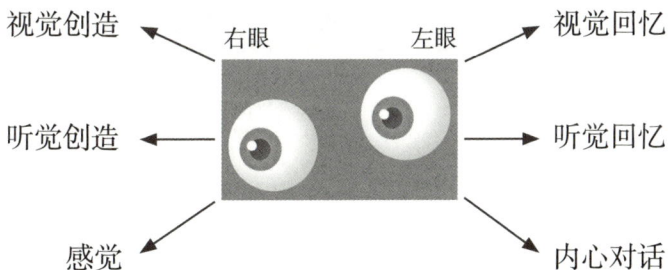

图 6-9 眼睛移动的方向

阅人无数的面试官们很多都掌握了这种微动作和微表情的观察能力，他们会先提一个问题出来，然后看对方的眼睛看哪里。当他的眼睛看左边的时候，代表是在回忆；当对方看右边时，大多代表在创造和想象。如果眼睛看左上方，表示视觉回忆；如果是平视左边，表示听觉回忆；如果看左下方，他是在跟自己的内心对话。

来看看如图 6-10 所示的这位，判断这个人表情是什么含义？人们在听到自己不喜欢的人时，尤其是听到赞扬他的话时，常会出现轻蔑的表情。你是否可以从表情判断两人之间的关系，以便调整后续的一些销售动作？比如，不要把这两个人约到一起，不要在某人面前表现的与另一人关系过于亲密，不要在这人面前过多谈及另一人，特别是表示欣赏，也不要对他的死对头说某人支持或认可我的方案……

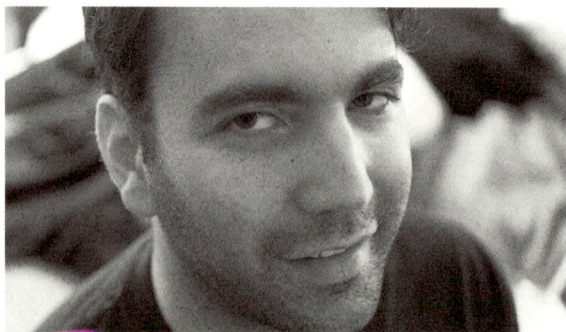

图 6-10 表情含义

如图 6-11 所示，抿嘴巴是什么意思呢？抿嘴巴呈现出一种比较焦虑的状态，也可能是表示不满。

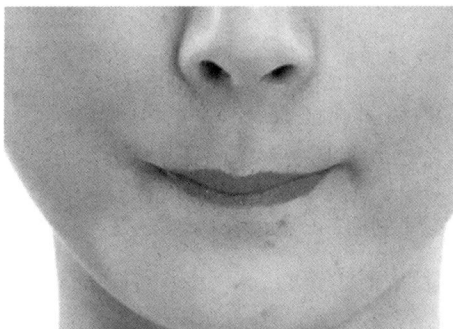

图 6-11　抿嘴巴

我们再来看看手掌（如图 6-12 所示）。

图 6-12　各种手势

　　当对方说话的时候，他掌心朝向你，意味着信任还是不信任呢？我们知道手心和手背哪一个更柔软？当然是手心更柔软。如果对方是手心面向你，

197

说明他比较坦诚。拍照的时候，我们可以观察一下，有些人做"成功"的手势是掌心向外，有些人是手背向外，这些都是习惯性的动作，谁更容易信任对方呢？微动作微表情更多表现在一瞬间，人瞬间的第一反应所表现出来的表情和动作，是比较真实的。

如图 6-13 所示是双手相扣的动作。如果在交谈时对方出现十指相扣的这种状态，表示什么？表示对方很自信，也表明你们对未来的合作很有信心；如果是在谈判中出现的呢？说明他现在的心理状态是有优势的，那可能预示你给他的条件太好了。

图 6-13　十指相扣

两手相握时十指相交叉，这个含义就是有点有力使不上，做出这个动作的人往往个性比较急躁，以此来表达自己很无助，因此当我们看到有人十指交叉的时候，便可以推测说这个人需要帮助，不妨去帮他一下，他此时内心比较脆弱。

如图 6-14 所示，竖大拇指，在全世界来说一般都是表示示好、很棒、一切顺利、非常出色的意思，但是美国和欧洲一部分地区，竖大拇指通常用来表示搭车；在尼日利亚这种手势被认为是侮辱性的手势；在德国代表数字"1"；在日本代表数字"5"；在澳大利亚则表示骂人。所以你得看一下跟你沟通的对象，不同的文化背景也存在一些差异。

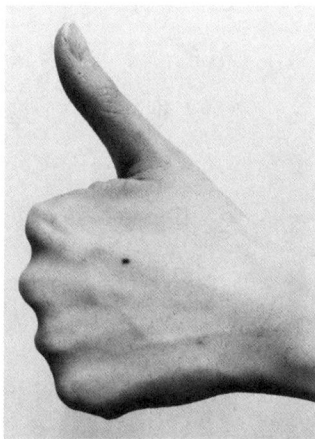

图 6-14　竖大拇指

平时，我们尽量不要去做封闭式的手臂姿势。如果两手交叉，就是封闭式的手臂姿势。如果两手背在后面，也是封闭式的。封闭式的手势给人的感觉是什么？那就是距离感。刚才有提到手臂交叉代表防御，但手臂交叉的高度不同（特别是手是否捏住两臂的高度，手指是否露出），都代表不同的心理状态，有些反而是显示自信和接受，有些是代表紧张，还要配合其他位置的肢体反应综合判断。比如，不能对一位目前有防御意识的客户谈签单的事，这时被拒绝的可能性非常大，要先想办法让他放下防御，打开紧闭的双臂。比如递给他一个物件，让他打开紧闭的双臂。如果我们的双臂交叉握紧拳头，这个动作的心理含义是焦虑和担心。例如，人们因为做了理亏的事或者坏事，当被对方问及或提起的时候，往往因为心虚就会做出这个动作，两手交叉，然后紧握拳头。

还有一种是双臂交叉抱胸，双手置于腋窝表露出拇指，请注意这个拇指是露出来的，那么它有两方面含义，一个是表示其处于戒备的状态；第二，表现出真实的优越感，所以当你大拇指拿出来的时候，你是很有优越感的，很自信的一个人。到底是哪个，还要结合表情和当时的语境来判断。

我记得曾经看过一本关于 FBI 的书，一名警察到犯罪嫌疑人家里去，当警察坐下的时候就发现了这个嫌疑人抱起了一个抱枕，作双手交叉抱胸这个姿势。因为这一个动作，警察就基本确定他应该就是杀人凶手，后来被证实确实是这样。所以，如果双臂交叉抱胸的动作含义是对外部的排斥、明显的抵触情绪，当然也有可能是做这个动作的人他往往喜欢独处，乐于享受一份属于自己的静谧。

我们再来看手抱头。你抱一下试试看，你当下的感觉是什么？它跟叉腰一样，表示这个人正处于主导地位，是比较有优越感的一种动作。拿出手，开放的姿态是一种自信的表现，就是为什么我们做演讲的时候，我们的手也要打开，打得越开越好，表示越自信。

如图 6-15 所示，女孩双手交叉，轻拍手掌或者捏着手指的时候是代表没有多大的耐性了，可能你说的话太多了，此事谈话内容该进入结束的阶段了，有些时候他还掰着这个手指嘎巴嘎巴作响，这时候可能是不太耐烦了，咱们看电影中有人在打人之前也要先捏一下指关节，就是代表不耐烦。

图 6-15　双手相握

如图 6-16 所示,对方将手伸入了口袋当中翻动着,这是暗示着他不太想跟你分享,也可能是缺钱的表现。

图 6-16　手翻动口袋

如图 6-17 所示，咬指甲的这个动作，代表不安、犹豫，意志力比较薄弱，如果客户出现这个动作，你就要坚持，注意营造友善的气氛，这种情况下是比较容易促成成交的。

图 6-17　咬指甲

再来看看手在脸上不同的位置代表的含义。

手捂嘴，如图 6-18 左所示，这孩子手捂在了嘴巴上，把整个嘴巴都包住了，什么意思呢？如果他手指已经完全把嘴巴捂住了，说明他不想跟你说了，或者是他不想让自己撒谎，这时候他已经比较坚决了。有时候，手指只是放在嘴唇上面（如图 6-18 中所示），说明此时此刻是有点犹豫的状态，还未做决定。当他犹豫不决的时候，你更要去说服了，想办法去启发和影响对方，或者这时候你要去处理他的顾虑。如果手指放在嘴巴的下面或下巴上（如图 6-18 右所示），可能是一个思考的状态。

图 6-18　手在面部的不同位置

揉眼睛和手抓脖子（如图 6-19 左和右），这两个动作都带有撒谎的意味。如果手掌托着下巴，也是在思考。手摸鼻子，除了鼻子痒以外，这个动作意味着什么呢？可能代表他不敢信任你，并未对你完全坦诚，此时应该想办法建立信任。摸耳朵或者拉紧耳朵代表什么呢？代表着他还不能做决定，处于决定与否的边缘，他也想再听清楚一点点，他还在犹豫，你可以再重新说明，也可以立即代他决定了。

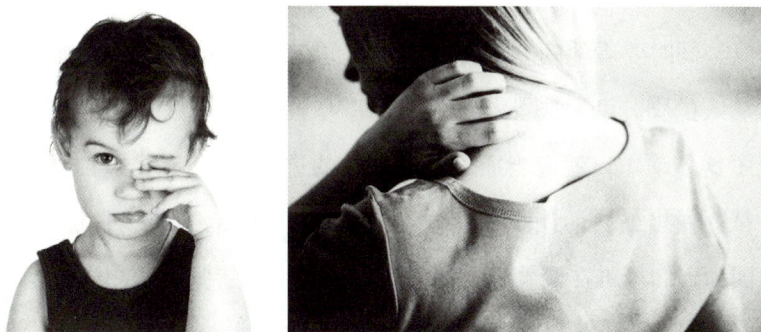

图 6-19　揉眼睛与抓脖子

如图 6-20 所示，原则上，腿部如果打开的话，是比较开放的一种状态，如果双腿交叉，其实跟双臂交叉是一个道理，说明他处在一种抗拒或者防御的心理，内心可能会比较紧张，所以脚踝交叉也是属于这种情形，放开的话相对是比较放松的。

图 6-20　腿部的并拢和打开

有时，同时要看他的上半身的动作，也有一些小的区别。比如图 6-21 所示中这个人的脚，两只脚踝相扣，表示准备让步（纠结）。如果我们在谈判时发现了这个动作，就应当抓住机遇巧妙的进行提问，诱导对方松开自己的脚踝，从而做出最后的让步。给对方递上一杯茶或者咖啡，也能产生不错的效果，因为人们很难在端着杯子的时候，还继续保持脚踝相扣的身姿。

图 6-21　脚踝交叉

　　有一次，我的一位客户，是一位销售总监，他对微动作挺感兴趣的，让我对他的肢体动作做现场解析。当时现场有一个双人沙发和三人沙发，呈现 L 型摆放，他坐在双人沙发上，脚尖朝向我。

　　脚尖所指是一个人内心真实的方向，这两个人交谈时脚尖都是指向对方的，说明他们交谈得比较愉快，比较接受对方。就像线下培训，快下课时我也会观察学员的脚尖方向，如果大部分学员脚尖都朝向教室门口，那最好提前一点点下课。

　　本小节从眼、神、手、脚四个部位分析微动作微表情，从而让你学会从细节中关注客户内心状态的变化，养成察言观色的习惯，促进成交。

小结

　　本招从一个完整的销售闭环（准备沟通—了解需求—有效倾听—呈现价值—处理顾虑—推进成交）拆解出每个步骤中的关键技能和工具方法，只要你一步步去练习，去实践，就一定能逐步打造和提升你的超级销售力，恭喜你又向精英销售迈进了一步。

第 7 招

制定成交前的谈判策略

本招将介绍谈判的分类，双赢谈判的含义，谈判中的四大策略及七大谈判筹码，以及讨价还价的七大技巧。

本招将介绍谈判的分类，双赢谈判的含义，谈判中的四大策略及七大谈判筹码，以及讨价还价的七大技巧。谈判的成功是建立在销售成功的基础上，谈判是赢得利润的最快方式，不要小瞧谈判的力量。

谈判类型与策略

在谈判中，我们经常听到有一种说法叫"双赢的谈判"，其实，未必所有的谈判都需要做到"双赢"，有些谈判甚至可以放弃利益，有些谈判也可以放弃关系。根据"关系"和"利益"两个维度，我们可以将谈判的类型分成以下四种类型（如图 7-1 所示）。利益重要，但关系不重要的，我们称之为"交易型谈判"，它大多是指一次性合作的谈判。比如，你去外地出差，在某商场买衣服，如果你和对方只打一次交道，那是不是"关系"就显得不太重要了？与之相对应的叫作"关系型谈判"，关系非常重要，你宁愿放弃部分利益来维护这种"关系"。还有一种谈判是"利益"和"关系"都很重要。对于利益和关系都很重要的谈判，我们称之为"合作性谈判"。最后一种叫作"回避性谈判"，利益和关系都不重要。

关系重要性

关系型谈判　　　合作型谈判

利益冲突

回避型谈判　　　交易型谈判

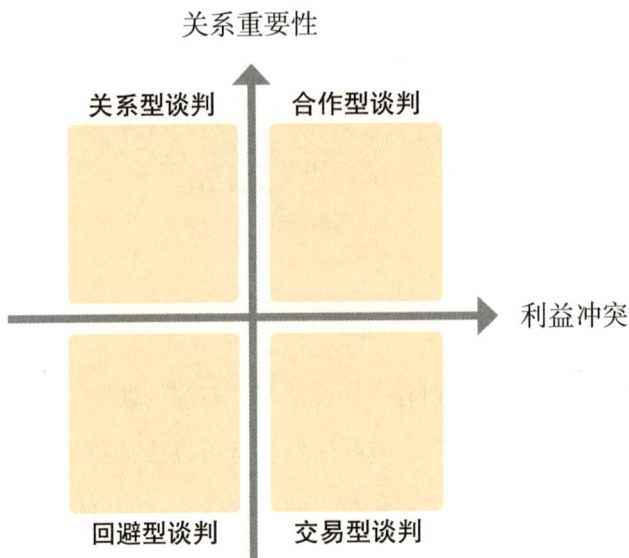

图 7-1　谈判类型

小练习

请把以下十种情况分别分在四种不同的谈判类型当中（见附录参考答案⑪）。

1. 商业伙伴　　2. 婚姻　　3. 离婚　　4. 十字路口

5. 合资公司或合并　　6. 朋友关系　　7. 卖房

8. 一次性买卖　　9. 高铁换座　　10. 工作团队

当你了解了这四种不同的谈判类型后，你觉得"双赢的谈判"大多应该出现在哪种谈判类型中呢？正是合作型谈判。要达成这种谈判的双赢需要有良好的谈判策略和技巧。

何为双赢的谈判

"双赢"的谈判策略和技巧更多指的是在"合作型谈判"中如何达成双赢。一方面，因为要长期合作，所以维护好关系对双方很重要；另一方面，利益对于双方也很重要，因为谈判中谈来的每一分钱都是你的利润。

小练习

两个人分一个橘子，请问怎样的分法是双赢的呢？

_____

_____

_____

_____

_____

_____

在我的培训课堂上，学员讨论出来的结果往往是诸如"一人一半""谁分就让对方来选"，或者是"榨成汁"之类的答案很多，这几种答案的思路是一样的，他认为双赢是什么？双赢是公平。可是，双赢真的是公平吗？

故事中的两人当时是怎么分的呢？他们也是一人一半。结果 A 回到家里扔掉了皮，把橘子肉吃了；B 回到家里把橘子肉扔掉了，因为他要留皮来泡水喝。

"双赢"包含了四层含义。第一个，就像刚才案例当中，如果能事先了解两个人的需求，你会发现需求可能不同，因此我们可以"各取所需"，是不是皆大欢喜？可是在大多数的商业场合中，你要的也是我要的，很难做到各取所需。我的有些学员他们也会这么回答："我能不能让姚明在橘子上签个名，让橘子增值后先投资，等有更多价值再分？"还有人说："我们先想办法把一个橘子变成更多橘子，比如种植，等橘子多了再分。"他们的思路其实是想办法先把馅饼做大，创造更大的价值，这就叫"创新共赢"。今天是一个经济共享的时代，我们经常听到的一句话叫"羊毛出在猪身上，让牛去买单吧。"

> 美国某剧院和一个剧团正在谈一笔合作，其他都已谈妥，就在快签约时剧院提出一个要求，希望在合作期内该剧团每天都能表演，这样演出收入自然会更多，利润会增加。可是剧团却不同意，因为一是演员需要休息才有更好的演出状态；二是演员每多演出一场，剧团老板都要多出一份工资，于是谈判陷入僵局。后来，剧院想到该剧团还要排演新剧，如果该剧团愿意把新剧放在该剧院首演，就可以提升剧院的知名度，而剧院也愿意给新剧的场地费再打折扣，没想到这个想法一经提出就被对方接受了，剧团也因此同意将原来一周表演两场增加到一周四场。这就是一个把馅饼做大的真实案例，创新了原来的想法。

这是双赢的第二层次的含义，叫创新共赢。

我们也知道亚洲首富李嘉诚先生非常会做生意。据说，每一次他和合作伙伴谈好了五五分成，但是在实际分配的时候总是会给对方多分一点。有一次记者采访他时问道："李嘉诚先生，为什么你明明跟对方谈好了五五分成，却总是要给对方多分一点呢？"李嘉诚先生回答得很直接："我也是商人哪。"那这句话什么意思呢？他继续说："如果五五分成，是多少就多少，对方可能只跟我做一次两次生意，现在我给对方多留了一些，对方可能少说也愿意跟我做十次八次生意，你觉得谁最终受益了呢？"所以有时候我们的眼光要放得更加长远，如果我们的上下游能够活得更好，对我们来说是不是也更稳定？该给供应商合理的利润就要给，不能往死里压，谁都会在时机合适时，把没有利润、合作困难的客户先砍掉。这就是我们说的第三层含义，叫作"长远双赢"。其实，双赢的结果是比较难达成的，但是，我们却可以创造一个双赢的感觉，让对方觉得他在这次谈判当中得到了更多的利益，"感觉双赢"是在谈判的过程中，最终让对方感觉到他赢得了这次谈判的关键。

如何让对方感觉赢得了这次谈判呢？如图 7-2 所示，我们先从谈判的四大策略来分析一下。

图 7-2　双赢的四层含义

谈判四大策略

谈判四大策略分别是：交换条件、附加利益、折中分歧、彻底让步。根据客户满意度和销售满意度两个维度，我们把这四种策略给到双方的感觉标注在九宫格的不同位置中，你觉得他们应该放在哪个位置？我们的目的当然是让双方都感觉到最满意，这四种策略中哪一个最可能在"1"这个格子里呢？

带着这个问题，先来看看四类谈判策略的区别（如图 7-3 所示）。

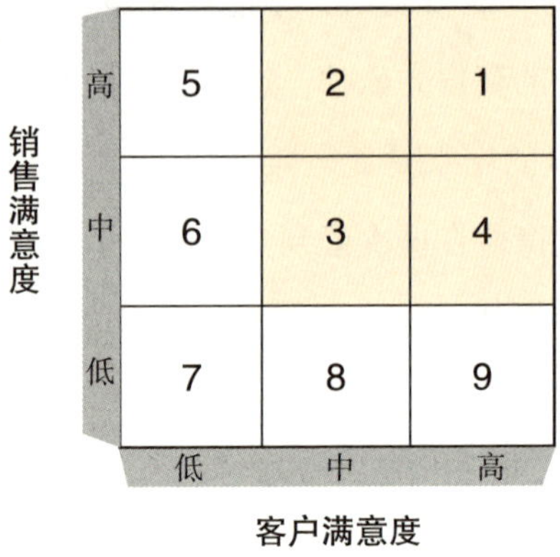

图 7-3　双方满意度

· "交换条件"例句

分歧点：退货期。

销售目标：2 个月退货期。

客户期望：4 个月退货期。

谈判策略：可以答应客户 4 个月的退货期，但需要客户承诺两倍的订单。

· "附加利益"例句

分歧点：退货期。

销售目标：2 个月退货期。

客户期望：4 个月退货期。

谈判策略：客户接受 2 个月退货期，合作期间，每年免费给客户做三场产品方面的培训。

· "折中分歧"例句

分歧：退货期。

销售目标：2 个月退货期。

客户期望：4 个月退货期。

谈判策略：客户获得 3 个月退货期。

· "彻底让步"例句

分歧：退货期

销售公司目标：2 个月退货期。

客户期望：4 个月退货期。

谈判策略：客户获得 4 个月退货期。

小 练 习

请将以下四个选项分别填入下表的"使用时机"列中（见附录
参考答案⑫）。

1. 无关紧要的分歧（为了加快解决分歧）。

2. 任何时间（最佳选项）。

3. 谈判最后阶段出现的细小分歧。

4. 没有弹性来满足客户需求时。

如表7-1所示的四种策略,建议大家的使用顺序是能交换的就先"交换",不能交换的就用"附加",但"附加利益"要先确保"附加"的是对方真正需要的,否则没有任何意义;再不行就用"折中",最后才使用"彻底让步",因为彻底让步其实是你自己满意度最低的(如图7-4所示)。那么哪种策略双方的满意度是最高的呢?

表7-1　四类谈判策略

备选方案	更改项数	你和客户的所得/所失	使用时机
交换条件	2项或更多	某等值物	
附加利益	1项（和分歧无关）	客户得到了没有要求的东西 你失去了一些成本低的东西	
折中分歧	1项（和分歧有关）	双方均得到了一部分想要的东西	
彻底让步	1项（和分歧有关）	客户得到了他/她想要的东西 你放弃了你想要的东西	

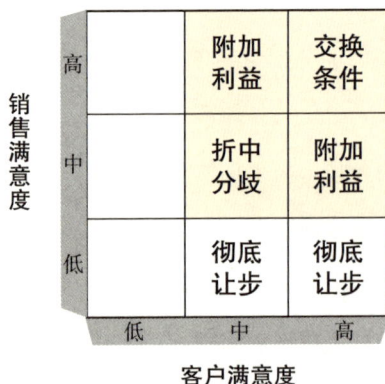

图7-4　四种策略的双方满意度

是的,交换条件是双方满意度最高的,所以有种说法叫"无交换不谈判",这是谈判中最重要的一种策略。

谈判准备与筹码

中国有句俗话叫作"好的准备等于成功的一半。"谈判的准备是非常重要的。这一小节，我们来说说谈判准备包含哪四方面，重点来说说如何做好谈判筹码的准备。

谈判准备

第一，确定谈判的人选。我在之前的内容中已经分析过"人"的重要性，准备中最重要的就是要根据对方参加谈判的人选来安排我方的人选。

> 柯达全球副总裁、大中华区副主席、美籍华人叶莺女士是柯达与国内感光业整合的关键人物，在谈判陷入僵局时，柯达方将她换为谈判主力，她出色的谈判技巧最终撮合了柯达公司与中国政府的全方位合作，最后缔造了一个"柯达模式"，被视为跨国公司与内地政府合作的典范。

第二，收集谈判的信息。谈判前，我们掌握的信息越多对我们越有利，这些信息既包含我方的更包含对方的。比如对方参加谈判的人选、谈判者性格特征、他们的态度支持度、认知与期望、对方的目标和底线、对方的筹码、对方的最佳可替换方案等，这些都是我们尽量要了解清楚的。

第三，检视谈判的筹码。我将从七个维度来告诉你如何准备谈判筹码。

第四，确定谈判的目标与底线。开价一定是要高于目标才有可能达成目标，很多人谈判是就着底线去谈的，所以你只能谈到高于或等于底线，永远达不到你的目标。

七维度找筹码

心理学家研究发现，所有人行为背后的原因都是基于四个字"趋利避害"的，这正好对应了我们谈判中最重要的两个筹码，一个叫"利"，一个叫"害"。所谓"利和害"，就是你跟我合作有什么好处，你不跟我合作有什么坏处？

有没有人早上起床的时候，闹钟响一下没有爬起来，但是响第二下的时候就爬起来了的呢？我们来看看这背后的原理。响第一下没爬起来的原因，究竟是趋利还是避害呢？特别在冬天，我们好怀念那个舒适的梦乡，还有那温暖的被窝，所以当你听到铃声响第一下而没爬起来是因为"利"吧？那为什么响第二下你就爬起来了呢？是因为如果再不爬起来就要迟到了，"迟到了"有可能这个月的全勤奖就没了，又或者可能会受到领导的批评，所以是为了"避害"，是不是这么回事？再回忆一下，你过去所有的行为背后最重要的原因是不是都是因为"趋利避害"呢？所以，筹码当中最重要的两个维度分别是利和害。

第三个叫"实力地位"。当你和一个大老板去谈判，谁更有影响力呢？为什么有时候你面对客户高层会有一些压力？为什么有时候你会带领导和对方谈判？就是为了增强我们的谈判筹码，实力地位是谈判筹码的第三个维度。

第四个叫"选择替换"。一个前台和一个VP同时和老板谈涨薪，谁更有筹码呢？从可替代性上来，至少前台没啥筹码。优秀的谈判者，要学会在特定的情境下，营造自己的不可替代性，不过，"不可替代"不是一成不变的，现在不可替代，不表示未来也不可替代。

第五个叫"吓唬威胁"。甲方通常用什么来吓唬乙方？更换或增加供应商、减少采购量、要求降价或提升品质，其实乙方也经常用这招来吓唬威胁甲方，比如，限时优惠、延迟供货等。诸葛亮也很善于用吓唬的筹码，他曾用空城计吓走了司马懿，不过他不会对张飞等人用空城计，他非常清楚地知道这个筹码要用在谁身上。

第六个叫"第三方权威"。当碰到双方差距很大很难想谈的时候，我们需要借助第三方的权威、专业、法律法规等筹码。

前几年我给某全国连锁的服装品牌做培训，该企业恰巧发生了一件事需要谈判。该企业在前不久招聘了一名员工，员工在入职第二天下班回家的路上发生了车祸不幸身亡。企业还没来得及为该员工缴纳社保，接下来产生的工伤等一切费用可能都需要企业承担。后来，企业 HR 调查事故原因，发现该员工是无证驾驶摩托车与机动车发生交通事故身亡的，请问谁负全责？当然是员工负全责，企业不需要赔付一分钱。这家企业觉得出自人道主义精神，愿意承担两万元的丧葬费，可是家属不干了，家属说："我们人是在你这里没有的，我们需要企业赔一条人命钱。"一条人命多少钱？ 80 万元。企业也不干了，家属没有其他办法，就到这个企业的门店到处闹，时间一长，企业也受不了了。怎么办？企业想到找劳动仲裁部门出面调解，这是劳动仲裁部门很擅长的工作。劳动仲裁先是把员工家属拉到一个会议室，说："你们再闹下去没有任何意义，企业方可以告你们，你们不仅拿不到钱，还可能需要赔偿对方营业损失。如果去告的话，你们也拿不到一分钱，现在企业给多少钱，你们就拿了，早点结束吧，让逝者也早点安息。当然，我们也会尽力去和企业再帮你们争取的。"这边刚说完，那边就找到企业方代表到另一个会议室："你们好歹也是家知名的企业，两万元怎么够呢？毕竟是一条人命啊！少说得要十万八万的吧？赶紧处理好，也不要继续影响营业了，如果影响到品牌，那损失就更大了。"最后，双方协商十万元结束了此事，这也是双方都能接受的尺度。

谈判如果陷入僵局，很多时候我都会建议能否找个双方都信得过的第三方来协商处理。

最后来说说"时间"这个筹码。时间是一种非常奥妙的筹码，优秀的谈判者如果失去时间的筹码，也会非常被动。

有一年，我一早开车去上海郊区上课，开到一个路口遇到红灯就停了下来，正在此时手机响了起来，结果没有留意路口有个很小的坡度，车发生了倒溜。当我回过神时，已经碰到了后面的车，两车靠边停后，从后车中走出一位男士，这位男士一看到我，就说："女士你好，是你全责。"我忙说："我知道我知道。"男士接着说："那你看是私了还是公了？"我一看时间，没法公了啊，因为培训不等人，着急地说："私了怎么说？"也许这位男士感觉到了我的着急，他慢慢地说："你看这车一刮一碰的，少说也要1000元以上，我也不多收你的，给我800元就算了。"我一看他的车，气真不打一处来，他的车大概是一辆10万元左右的车，而且车前面已经有多处被碰擦过的痕迹，估计遇到一个好说话的人也就直接让我走人了，但他竟然敢要800元？可是我转念一想，刚才我丢掉了一个谈判的筹码，我刚才表现出的着急，不正让我丢掉了"时间"这个筹码吗？正因为此，所以他敢这么开价，现在怎么办呢？我必须把时间的筹码拿回来。于是，我故作淡定地说："这位先生，如果是 800 元的话，我估计只能让保险公司来处理了，但我真的不知道保险公司会不会又像之前一样要求客户到指定的车行定损估价。"我看了他一眼，故意又放慢了声调："就是不知道，你接下来有没有时间呢？"谁知他一听就急了，赶忙问我："那你有多少啊？"我说："没料到这事，我身上只带了 200 元，如果要的话你就拿去，如果不行，就只能打保险公司电话了。"最后他拿钱走人。

谈判前做好充分准备，特别是在这七个维度找到自己的所有筹码，将在整个谈判过程中让你占据主动权，对谈判结果产生积极的影响。

讨价还价七大技巧

本小节所提到的谈判技巧，是基于多年来我研读各类谈判书籍及实践后总结出来最实用的七大技巧。同时，本节中所指的"讨价还价"不单指仅针对"价格"维度的谈判，而是指针对对方提出的所有分歧项，把"价格"理解成"开出的条件"。但对于销售来说，很大困惑确实来自客户对"价格"的异议。

以下是这些年来我听到的来自销售人员关于价格的负面态度：

"我们这个行业只有价格低了才卖得出去。"

"客户真正关心的是价格。"

"劝一个人多花点钱简直就是浪费时间。"

"我不降价，我就拿不到这笔生意。"

"避免价格异议要付出很大的努力。"

"我的行业不同，我们就是同质化竞争。"

如果你发现自己对这些自我打击的话坚信不疑的话，你就会被价格异议折磨得死去活来。解救的方法很简单，重读我们第1招的内容，将这些想法从你的头脑中彻底洗净，将它们从你的信念中清除。用更加积极的、能自我激励的思想来代替它吧。

"有的客户愿意付更多的钱获得更好的解决方案。"

"价格是进入决定流程的多个变量中的一个，决定客户是否购买的因素还有很多。"

"我对价格的态度影响到我的利润和成功。"

"我卖的东西很特别，一想到能帮客户成功我就很兴奋。"

"除非客户根本不需要，否则没有什么产品的价格定得太高。"

"我越是事先在价格方面下功夫，价格高低就越不成问题。"

你觉得以上两种态度，哪一组会让销售人员准备得更充分，更有自信？哪一组会带来更好的结果呢？

在销售拜访中，通过询问让对方压力点暴露出来。一旦你认定了哪些压力点可以为你所用，在下次沟通中就可以着重渲染这些压力点，你的策略就是让这些压力点随时随地浮现在客户的脑海中，阻碍他注意价格。有一种有力回击价格异议的技巧叫"廉价的风险"。假设时间是客户面临的最大压力点，那么你在回应价格异议时，就应该说类似这样的话："在这点上，您觉得是一开始比预期多支付一点钱的风险大，还是到最后不能按期交货的风险大呢？"以下列表是采购人员压力点列表，供参考。

1. 时间紧迫性。

2. 他公司出了特殊问题。

3. 他对你的产品品牌有特殊偏好。

4. 这次采购对他的业务至关重要。

5. 你的公司供货更及时。

6. 你的公司能够提供特殊的解决方案。

7. 有许多别的客户在争取和你合作。

8. 他曾经与你的竞争对手发生过不愉快。

9. 你的产品几乎无可替代品。

10. 换你的解决方案不会带来任何损失。

11. 他的预算够用。

12. 他的业务做得很好。

13. 他的公司有违规问题出现（遇到麻烦）。

14. 你的公司的位置对他有利。

15. 廉价有损他的公司形象。

同时，也请你思考以下问题，这些问题将可以试图排除客户"价格是唯一标准"的想法。

1. 如果客户不需要关注价格，他将如何选择？

2. 客户能够做得更好的决定是什么？

3. 客户解决这个问题的最好方法是什么？

4. 对客户来说，最理想的结果是什么？

5. 对客户来说，长期的成功是什么样的？

当你做好这一切准备后，跟我一起来学习下面这七大技巧吧。

营造合适氛围

谈判氛围一般分为两种。一种叫硬破冰，也就是营造紧张的氛围，给对方拘束和压迫的感觉，并不一定是指态度多强硬；另一种叫软破冰，是营造和谐宽松的氛围。不同的谈判，需要营造不同的氛围。

你有没有看过香港的一部电视连续剧叫《谈判专家》？里面经常会有人质被绑架的情节，一旦出现这种情况，就会有谈判专家去和绑匪谈判，这种情况下，比较适合用软破冰还是硬破冰呢？当刀架在对方的脖子上时，你能不能对绑匪说："你给我马上放下武器，否则……"话音还未落，刀就直接下去了。那你需要怎么谈呢？"这位先生，你冷静一下好不好？看你戴着一副眼镜也是文化人，相信你一定是有无法言说的苦衷，相信你一定也有家

人。我今天是一个人来的，你看我什么都没有带，我们什么都好
商量，慢慢来，不着急。"这就是软破冰。

合适的氛围奠定了谈判的基调。

先开价

在谈判中，你是习惯先开价还是后开价呢？大多数学员会告诉我喜欢"后
开价"。如果后开价，你注定将成为绝大部分谈判者中普通的一员，如果你
想成为一个优秀的谈判者，就必须学会先开价。当然，先开价和后开价各有
它的优势，先开价可以定锚定位，操纵对方期望值，而后开价，可以了解行
情和虚实，视情形提案。

1912 年美国总统竞选正如火如荼地进行着。由于继任者威廉
姆·霍华德·塔夫脱（William Howard Tafr）总统在治理国家方
面糟糕的表现，前总统西奥多·罗斯福决定重返政坛。竞选之战
进行得十分激烈，对双方来说每天都意味着新的挑战。但是罗斯
福的团队此时遇到了一个前所未有的难题：在演讲中使用的 300
万份罗斯福的照片已经印刷完毕，罗斯福竞争团队主管此时却尴
尬地发现，他们使用的照片并没有获得照片摄影师的许可。更糟
糕的是，这位主管发现根据美国《版权法》规定，他们必须向摄
影师支付的酬劳最高达每张 1 美元，这意味着竞选团队需要向摄
影师支付最高达 300 万美元的照片使用费。1912 年的 300 万美元
相当于现在的近亿美元，竞选团队根本没有这笔钱，于是竞选团
队试图寻找替代方案，但是替代方案同样也存在问题，重新印刷

300万份小册子的花费同样惊人，同时会严重耽误时间。竞选主管需要和摄影师商量以求得一个更低的价格，如果你是这位主管，你会怎么做呢？

在仔细分析问题后，这位主管发了一封电报给摄影师，上面写道："将在演讲中使用300万张罗斯福的照片。这是摄影师扬名立万的绝佳机会。征询收费数额，速回。"摄影师（此时摄影师并不知道对方已经印刷出了300万张照片）很快就回了电报，上面写到"承蒙眷顾，感谢给予这个机会，不低于250美元。"

条件式让步

什么是条件式让步？"老板这个多少钱？"老板问道："你买几个呢？"

话说有人要买进口设备，"6000美元啊？这么贵啊？"当"贵"的神情写在你脸上，对方马上说："6000美元是零售价，5000美元是批发价。"仍然嫌贵，"这是到岸价，如果你可以接受离岸价，最低优惠价4500美元。"条件一改变，价格就改变，不廉价。

有没有发现加上条件，进可攻，退可守，可上可下，一切主动权都掌握在你手中。

培训报价，如果一开始问题太多，客户不耐烦会挂电话。你要学会用条件式开价。我教很多销售这么应对陌生客户的来电咨询："我们2.5万元－5万元不等，具体看培训人数、对老师的要求，以及特殊量身定制的要求等。为了对您报价负责任，能否先了解一些您的详细需求……"你喜欢哪一种回应方式呢？

斩钉截铁报价，只要有条件，主动权还在你手里。有机会就先开价，只要用条件式开价就可以。

假设性问题

假设性问题的话术如下：

"如果我们……那么您会……吗？"

使用时尽量不要透露自己底线，而要想办法探测出对方的底线。

小练习

我们会奉送免费 1 年的维护保养。

_____

_____

您增加 20％预付款，我们才会考虑降价。

_____

_____

您可以稍微增加一点点预算，这样可以取得更好的品质。

_____

_____

（见附录参考答案⑬）

高开

案例一

你去商场买衣服，一件标价 2000 元的衣服，试完以后你非常满意，你的心理底价是不超过 1000 元就会买下它，请问你会开价多少钱呢？

我们公司重新装修，有两间大办公室可以留给总监坐，我并不喜欢封闭式的独立办公室，而是希望能够得到最后面的一个靠窗的位置，因为这个位置有最大的空间，可以放一个大柜子，用来放我们部门的文件。我跟老板去提的时候，我应该怎么提呢？如果我直接提出需要一个后面位置最大的独立空间，我真的能得到吗？我提出："能不能分给我一间独立的办公室？"结果我得到了那个我最想要的靠窗的位置。

案例二

有一次，我和一大帮朋友一起去吃饭，吃到快结束的时候上来了一道素菜，这道菜快吃完的时候竟然吃出了一根头发。于是，我朋友把餐厅的负责人叫来，当时我们仅仅是希望把这道菜免单了，你觉得应该提什么样的条件？你猜他提了什么样的条件？他提出了把整桌免单，最后老板整桌给他打了五折。

案例三

我的某位日本客户，一开始提出用他们版本的合同签约，无奈我们公司法务不同意，于是客户只得用了我们的版本，看到返回的合同我差点晕倒，因为几乎每一条条款都被更改了，最后我们同意他修改了多少条条款呢？同意了超过十条的修改，这在之前的合同审批中从未有过。

从以上的案例当中，你得到了什么启发呢？你一定要开出高于预期的条件，同时，你一定要让对方感觉到你的条件是可以商量的。它的好处是，这可以让对方在谈判结束的时候，有一种"赢"的感觉。

不答应第一次报价

我有一位朋友 A，他是做生意的，想买一辆二手的奔驰车。有一次，通过他的朋友介绍，他认识了 B。这辆车购买了才一年，新买的时候是 35 万元，一年当中这辆车只开了不到 2 万公里。B 全家要移民，所以他们希望尽快处理掉这辆车，B 给出 25 万元的价格，双方一拍即合。那天，A 准备去 B 的家里试驾这辆车，在去的路上他就后悔了，他想："我怎么这么傻，对方开多少钱我就接受多少钱，一分钱都没有还，我是不是应该还掉一些呢？"当他试驾完以后，对这辆车非常满意，但他还是说："这辆车跟我的想象还是有点不一样，如果能再便宜一点就好了，如果……24 万元，我想我可以买下它。"说完他就等待着，等待着对方大发雷霆。谁知，对方听完他的话就转向了自己的老婆，说道："老婆，你觉得怎么样？"他老婆说："行，那就卖给他吧。"听到这句话时，猜猜 A 的感受如何？他当时只会有两种反应，第一个反应是"早知如此，我应该刚才再多还掉一点价。"第二个反应是"是不是这辆车哪里出了问题？"

不主动折中

小练习

　　谈判的最后，我方坚持 10 万元，对方坚持 8 万元。客户说谈了那么久，那就一人让一半，9 万元吧（9 万元你们公司可以做）。

　　你说：_____。

　　即便对方不愿意折中，你也可以得到一样非常宝贵的东西，是什么呢？没错，他们会感觉自己赢得了这场谈判。

　　（见附录参考答案⑭）

小结

　　本招中的所有内容都是基于能够成功销售，如果销售不成功，将会为成功谈判造成很大障碍，所以我将它放在最后一招。谈判谈来的每分钱都将是你的利润，想要获得双赢的谈判，就需要在不同谈判中运用以上不同的策略和技巧。修炼你的内功，打造你的超级销售力，做好成为一名精英销售的所有准备吧。

后　记

2021 年，是我从事销售工作的第 21 年，迈入职业培训师生涯的第六个年头。近六年来培训人数超过三万人次，学员中不乏企业 CEO 和高管，更多的是销售和销售管理者。跳出销售管理者身份的我再来看如何提升销售团队业绩时，才发现"培训无用"，特别是销售技巧的提升绝不是单靠课程的讲授和练习能实现的，就像骑自行车、打篮球或是游泳绝不可能是在培训教室里完成一样，销售们需要把所学真正用到与客户的沟通和拜访的实战中，才能真正掌握这些技能。

作为一名培训者，我所能做到的就是在课堂上激发学员，让他们对自己和未来充满信心，发现并及时转变他们的限制性信念，深入浅出地把知识点设计在生动有趣的课堂中，在课堂中让学员学会，并影响他们愿意把所学运用到未来的工作中。如果有可能，我还特别愿意陪他们走一程，用大概 3-6 个月时间，陪伴他们应对在使用中出现的各种问题，进行纠偏和实战辅导，帮助他们真正掌握知识技能，直到他们能应对自如，变成终身习惯。如果能做到这一步的企业，也一定是优秀的企业，因为在此期间，无论是人力资源部还是销售管理者，甚至企业高管们，一定也需要时常陪伴在学员们左右，共同监督和指导，给他们打气鼓励和提供支持，但凡能做到这点的企业，销售业绩也会以肉眼所见的速度增长。

无论科学多么日新月异，凡是需要与人沟通才能完成的销售，都离不开本书中这 7 招的影响，在此祝福所有的销售人都从本书中获益的同时，也为本书中不完美的部分向大家致歉，受篇幅和时间的限制，有些内容尚未完全展开。有关谈判的部分，不假时日我会出一本书单独详述，敬请期待。

季婉

2021 年 7 月

附录

小练习参考答案

- 参考答案①

图1-1：上面的猫更长．

图1-2：不一定，经常取决于它左右是什么。

图1-3；16个圆。

图1-4：一样长。

- 参考答案②

策略：A,D,E,G

战术：B,C,F,H

- 参考答案③

1.2022年的6月之前（时间）完成3000万（金额）销售业绩，实现（未知，要在后期明确并关注）利润。

2.卖给孙总经理、销售部李总、销售部张经理、采购部申总、采购部王经理、财务部马总、销售部助理夏青（使用者/项目参与者）（未知，要去确认）（数量）板材（产品），帮他实现（未知，要去确认）。

· 参考答案④

老公 TB，老妈 EB，老爸 UB，我 TB

· 参考答案⑤

老公 –G(望更好)，老婆 –T（遇麻烦），奶奶 –EK(无所谓)，孩子 –OC（不需要）

· 参考答案⑥

信任（1/3/5/8），不信任（2/4/6/7/9）

· 参考答案⑦

唐僧—S 转 C，孙悟空—D，猪八戒—I，沙僧—S

· 参考答案⑧

全都不是优势

· 参考答案⑨

结合所选客户的认知与期望，制定差异优势表。

背景：客户有腰椎间盘突出的毛病，希望改善疼痛状况。

某品牌按摩椅来自德国，按摩功能可减缓疼痛，逐步改善症状，德国产牛皮，皮质柔软透气，材质好，工艺好，质量有保证，保修专业、时间长。有很多客户的信息，在电话跟进后，满意度 90% 以上等。

–N– 客户需求	–B– 带给客户的利益	–A– 优势 特性		
客户 认知 / 期望 / 需求	意味着什么	独特优势	何以证明	
			证明方式	证明资料
Needs	Benefits	Advantages Features	Evidence	
有腰椎间盘突出的毛病，希望改善疼痛状况	按摩功能可减缓疼痛，逐步改善症状	材质好，工艺好，质量有保证，保修专业、时间长，来自德国产牛皮，皮质柔软透气	有电话跟进，客户数据显示满意度90%以上	有感谢信、微信、电话留言录音

· 参考答案⑩

第1句话，"对于我们双方的合作您还有什么想法吗？"客户回答，他们现有的供应商是为他们垫付工资的，但我们做不到。这的确是我们的一个弱点。

第2句话，"的确，垫付工资对你们来说也非常的重要，因为毕竟账期有一个月呢，这样的话呢，对你们现金流也会有一定的影响。"

第3句话，用我们此前沟通的价值来淡化弱点。"您看垫付的成本实际上是出在你们自己身上的，这一个月的银行的利率是贷款（假设）是10%，你现有的供应商很可能会增加在服务费当中，我们虽然不能垫付工资，但我们服务费降下来了；其次，我们可提供免费的法律咨询服务，可以代你们出庭全国的劳动争议案件，派我们专业律师去，您看这个是不是也是你们近期也比较需要的一项服务呢？基于此，您是否仍然愿意考虑和我们的合作呢？"最后客户听了有道理，综合了自己的需求，最终跟我们合作了。

· 参考答案⑪

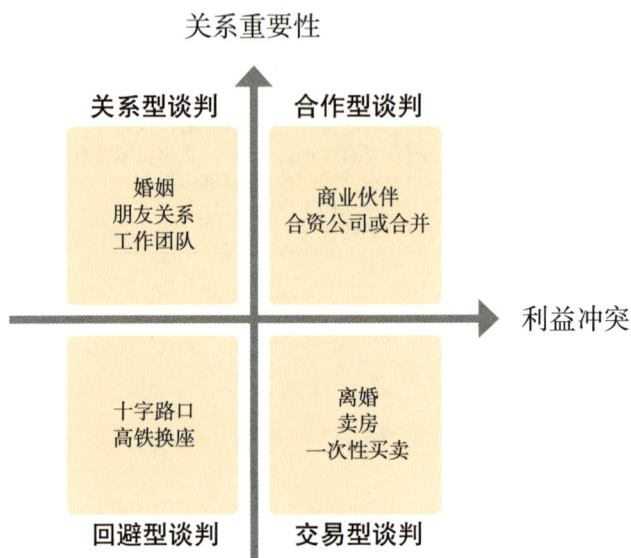

（关系重要性）

关系型谈判　合作型谈判

婚姻
朋友关系
工作团队

商业伙伴
合资公司或合并

→ 利益冲突

十字路口
高铁换座

离婚
卖房
一次性买卖

回避型谈判　交易型谈判

· 参考答案⑫

备选方案	使用时机
交换条件	任何时间（最佳选项）
附加利益	没有弹性来满足客户需求时
折中分歧	无关紧要的分歧（为了加快解决分歧）
彻底让步	谈判最后阶段出现的细小分歧

· 参考答案⑬

1. 我们会奉送免费 1 年维护保养。

如果你能给我们每年 2000 万元的订单，我们会奉送一定时间的免费维护保养服务。

2. 您增加 20% 预付款，我们才会考虑降价。

如果您增加 20% 的预付款，我们会考虑降一些价。

3. 您可以稍微增加一点点预算，这样可以取得更好的品质。

如果您可以增加 20% 的预算，我们看看能否在提升品质上做一些努力。

· 参考答案⑭

"嗯，一人让一半，你的意思是你愿意接受 9 万元对吗？我会和我的领导汇报的，看看公司的决定如何，明天我回复你。（第二天，你可以提出 9.5 万元成交的要求，因为各有一次折中的权力）"

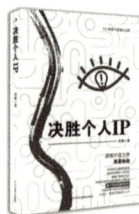

让我们一起读书吧，智读汇邀您呈现精彩好笔记

—智读汇一起读书俱乐部读书笔记征稿启事—

亲爱的书友：

感谢您对智读汇及智读汇·名师书苑签约作者的支持和鼓励，很高兴与您在书海中相遇。我们倡导学以致用、知行合一，特别打造一起读书，推出互联网时代学习与成长群。通过从读书到微课分享到线下课程与入企辅导等全方位、立体化的尊贵服务，助您突破阅读、卓越成长！

书 好书是俊杰之士的心血，智读汇为您精选上品好书。

课 首创图书售后服务，关注公众号、加入读者社群即可收听／收看作者精彩微课还有线上读书活动，聆听作者与书友互动分享。

社群 圣贤曰："物以类聚，人以群分。"这是购买、阅读好书的书友专享社群，以书会友，无限可能。

在此，我们诚挚地向您发出邀请：请您将本书的读书笔记发给我们。

同时，如果您还有珍藏的好书，并为之记录读书心得与感悟；如果你在阅读的旅程中也有一份感动与收获；如果你也和我们一样，与书为友、与书为伴……欢迎您和我们一起，为更多书友呈现精彩的读书笔记。

笔记要求：经管、社科或人文类图书原创读书笔记，字数 2000 字以上。

一起读书进社群、读书笔记投稿微信：15921181308

读书笔记被"智读汇"公众号选用即回馈精美图书 1 本（包邮）。

——— 智读汇系列精品图书诚征优质书稿 ———

智读汇云学习生态出版中心是以"内容＋"为核心理念的教育图书出版和传播平台，与出版社及社会各界强强联手，整合一流的内容资源，多年来在业内享有良好的信誉和口碑。本出版中心是《培训》杂志理事单位，及众多培训机构、讲师平台、商会和行业协会图书出版支持单位。

向致力于为中国企业发展奉献智慧，提供培训与咨询的**培训师、咨询师**，优秀的创业型企业、企业家和社会各界名流诚征优质书稿和全媒体出版计划，同时承接讲师课程价值塑造及企业品牌形象的**视频微课、音像光盘、微电影、电视讲座、创业史纪录片、动画宣传**等。

出版咨询：13816981508，15921181308（兼微信）

— 智读汇书苑 093 —
关注回复 093 **试读本** 抢先看

● 更多精彩好课内容请登录 智读汇网：www.zduhui.com